Cultivando Verdaderas Amistades

CÓMO SER UN MEJOR AMIGO DE POR VIDA

DR. JOHN TOWNSEND

EDITORIAL PATMOS

Como ser un mejor amigo de por vida

Publicado por Editorial Patmos, Miami, FL EUA 33169

Publicado originalmente en inglés por Worthy Publishing, Co.,
134 Franklin Road, Brentwood, Tennessee 37027,
con el título *How To Be A Best Friend Forever*.

A menos que se indique lo contrario, las citas bíblicas se toman de la Nueva Versión Internacional, © 1999 por la Sociedad Bíblica Internacional.

Traducido por Silvia Cudich
Diseño de portada por Leonardo Francia

ISBN 13: 978-1-58802-4398

Categoría: Vida Cristiana

Impreso en Brasil
Printed in Brazil

Dedicatoria

A todos los que creen en el valor
vital de los buenos amigos.

CONTENIDO

AGRADECIMIENTOS

Sealy Yates, mi agente literario: Tu participación en cada aspecto de este libro es profundamente apreciada.

Byron Williamson, editor, Worthy Publishing: Gracias por tu inagotable energía creativa y amistad.

Jeana Ledbetter, vicepresidenta de redacción, Worthy Publishing: Cuando tú eres parte de un libro, el libro es siempre mucho mejor.

Rob Birkhead, vicepresidente de marketing, Worthy Publishing: Tu excelencia gráfica y artística ha transformado este contenido.

Kris Bearss, editor ejecutivo, Worthy Publishing: Tu supervisión del libro ha hecho una enorme diferencia positiva.

Angela Scheff, mi editora: Gracias por todas las horas de ayuda para elaborar las ideas hasta transformarlas en un formato que atraiga y ayude a los lectores.

Barbi, mi esposa: Gracias por pasar tanto tiempo reflexionando en el material junto conmigo.

Introducción

Cuerdas de salvamento

Recientemente estaba almorzando con unos amigos cuando la conversación giró al tema de la amistad. Yo había estado investigando el tema por un tiempo, así que lancé una pregunta abierta a todos: "¿Cuán importantes les han resultado sus mejores amigos?" Yo estaba simplemente reuniendo un poco de información informal. Hubo un breve silencio y luego comenzaron a darme las siguientes ideas sobre los amigos:

- Ellos han sido un lugar protegido donde me permito ser yo mismo.
- Son las pocas personas con las que me siento cómodo.
- Son a quienes acudo cuando necesito apoyo.
- Me conocen y me aceptan por completo.
- Han estado a mi lado durante mis años de matrimonio y durante la crianza de mis hijos.
- A través de estas relaciones, he encontrado a Dios de manera más profunda.

- Me han ayudado a superar los momentos difíciles.

- Han hecho que mi vida tenga un mayor significado.

Todas las respuestas fueron pensadas y positivas, y bastante predecibles. Es probable que ellas representen lo que cualquiera de nosotros hubiera dicho de nuestras amistades más cercanas. Luego una mujer, a la que yo no conocía demasiado y que había permanecido en silencio hasta ese momento, dijo: "Es probable que yo no estaría aquí si no fuera por ellos."

Percibí algo en su voz, de modo que le pregunté: "¿Quieres decir que probablemente no estarías donde estás ahora actualmente en la vida, o algo semejante?"

Ella me miró directamente.

"No, probablemente, yo no estaría aquí. *Aquí* mismo. En la tierra."

Sentí que el nivel de la conversación había cambiado, ya que nadie podría haber anticipado esa respuesta. Con ese pensamiento, habíamos ingresado en un territorio más profundo y completamente nuevo. La mujer, Rachel, no era alguien que uno pensaría que estaba en medio de una crisis o que hubiera experimentado gran cantidad de traumas. Era una mujer profesional de cuarenta y tantos años, casada, con dos hijos.

Le pedí que compartiera su historia con nosotros. Ella nos contó que pasó años sufriendo serias luchas muy dolorosas: una infancia abusiva, un primer matrimonio que había sido una pesadilla y, sin duda lo más doloroso de todo, la muerte de uno de sus hijos. Este último acontecimiento, nos dijo, casi la liquida. Cuando le pregunté cómo había podido superar todas esas enormes pérdidas, me dijo: "Dios y tres amigas." Dios, dijo, la sostuvo y la guió a lo largo de los años de profunda oscuridad. Y las tres amigas, tres mejores amigas, estuvieron a su lado de muchísimas maneras. La escuchaban. La apoyaban. Estuvieron con ella en el hospital durante la enfermedad de su hijo. Le dieron permiso para que sintiera lo que tenía que sentir. Le prestaron dinero cuando se quedó sin trabajo. La llevaban a la iglesia y al consultorio del terapeuta cuando apenas podía moverse. "Eso es lo que quise decir cuando dije que sin ellas probablemente no estaría yo aquí", nos dijo Rachel.

Más vital de lo que nos podemos imaginar

Comencé con esta historia porque ilustra un problema propio de las mejores amistades: a la palabra *amigos* le han robado de alguna manera su significado y poder. Ha sido diluida. Los amigos, especialmente los mejores amigos, son descritos con frecuencia de una manera con sabor a vainilla, de la misma manera que diríamos: "Decidimos quedarnos a pasar la velada y mirar algunas películas viejas." Esto no tiene nada de malo, y puede ser una buena experiencia. Asimismo, las amistades pueden parecer confortables, seguras. Pero no mucho más que eso. Sin embargo, Rachel no lo ve de esa manera, y yo estoy de acuerdo con ella. Ella ve a sus mejores amigos como su cuerda de salvamento. Sus tres amigas no eran sólo serviciales y alentadoras. Eran de suma importancia. Eran una cuestión de supervivencia. Pienso que eso ejemplifica mejor lo que tendrían que ser las amistades: gente a la que acudimos con nuestros sueños más profundos y nuestras preguntas y que son nuestras cuerdas de salvamento. La gente que nos trae vida.

Al trabajar con gente y organizaciones, he notado varias razones por las que se ha diluido el poder y significado de las amistades en nuestra experiencia del día de hoy. Una es que mucha gente está simplemente aislada y, aunque desean relaciones más íntimas, han aprendido a vivir sin ellas. Quizás les cueste confiar o hayan tenido relaciones dolorosas en el pasado pero, sea cual fuera la razón, están solos aunque estén rodeados de gente. Otros no se dan sencillamente cuenta de su profunda necesidad. En su experiencia, es suficiente tener conversaciones placenteras y positivas con otras personas y nada más. Se sienten mal por la gente que sufre, pero no han experimentado temporadas de "la noche oscura del alma", o temporadas de gran celebración, que los impulse a desear compartir con los demás. Algunas personas no poseen el talento y las habilidades necesarias para profundizar una relación. Otros ponen su energía para las amistades casi exclusivamente en el sexo opuesto, ya sea poniéndose de novios o contrayendo matrimonio, y tienen dificultad para experimentar altos niveles de necesidad de amigos no románticos. Están atrapados en un mundo de parejas, que puede excluir la idea de tener un mejor amigo. Además, algunas personas tienen dificultad para abrirse a todos los que no sean miembros cercanos de su familia. Las personas que no pertenecen a su familia no forman parte de su círculo. Hay otras razones más, pero sea como sea, las amistades, en especial los mejores amigos, no aportan a nuestra vida lo que se supone que tendrían que aportar.

Jesús vio la importancia de los amigos de una manera que frecuentemente pasamos por alto. Les dijo a sus discípulos que iba a dejar de llamarlos sus siervos y que iba a cambiar las cosas: "Los he llamado amigos, porque todo lo que a mi Padre le oí decir se lo he dado a conocer a ustedes" (Juan 15:15). Jesús estaba haciendo una distinción entre dos tipos de relaciones: los siervos y los amigos son muy diferentes. Nosotros le damos órdenes a un siervo. Pero un amigo goza de nuestra confianza. Durante el almuerzo, le decimos al mesero que por favor nos sirva más café, y él lo hace. Pero a un amigo le decimos que necesitamos tomar más café porque no dormimos mucho la noche anterior porque nuestro hijo estaba enfermo. A nuestro amigo, le contamos lo que está pasando en nuestra vida.

Además, al final de la vida de Jesús, durante un momento de gran aflicción y angustia mientras oraba en Getsemaní, Jesús les pidió a sus tres amigos más cercanos, Pedro, Jacobo y Juan, que se quedaran con él y vigilaran (Marcos 14:32-34). ¡Imagínense a Dios mismo pidiéndoles a sus tres amigos que lo apoyen! Parece algo tan dependiente, tan "poco espiritual". El estereotipo es que Jesús sólo tendría que haber buscado a su Padre celestial. Pero la realidad es que Jesús modeló la necesidad de conexiones tanto divinas como humanas.

Pienso que la mayoría de nosotros nos perdemos la oportunidad de tener esto en nuestras mejores amistades. Nos mantenemos en el lado más seguro de las cosas, no como Rachel. Yo espero que este libro les ayude a sacar el mayor provecho de lo que tienen a su disposición. Porquc cuando tenemos unos pocos mejores amigos verdaderos, y sabemos qué hacer con ellos, la vida puede ser mucho mejor, más abundante y rica.

A menudo no tenemos el tiempo ni la energía en nuestra vida como para tener muchos mejores amigos, así que sería bueno saber cómo hacerlos valer. (Y cuando la gente dice: "Tengo muchos mejores amigos" es un indicio de que la persona no está familiarizada con las relaciones verdaderas y profundas).

Hay muchos ejemplos de famosos mejores amigos, tanto en la historia como en la actualidad: David y Jonatán. Roosevelt y Churchill. Lewis y Tolkien. Sinatra y Martin. Damon y Affleck. Oprah y Gayle. Tenemos fascinación con las dinámicas de estas relaciones. En parte porque la gente es muy conocida y, en parte, porque desearíamos tener relaciones prolongadas y seguras como estas.

El potencial desperdiciado

La mayoría de nosotros no experimenta el máximo nivel de beneficio de nuestras amistades. Podemos encontrar mucha calidez, comprensión, aliento y experiencias compartidas de vida en nuestros mejores amigos. Pero creo que para la mayoría de nosotros, podría haber más riqueza, crecimiento y satisfacción también. Piensen en todas las áreas importantes de su vida y hasta qué punto se han propuesto crecer y mejorar:

- El ejercicio físico para nuestro cuerpo
- La iglesia para nuestra vida espiritual

- La capacitación para nuestra carrera
- Seminarios matrimoniales para nosotros y nuestro cónyuge
- Talleres para ser mejores padres para nuestra familia
- Capacitación financiera para nuestro dinero
- Clases para nuestros deportes y pasatiempos

Sin embargo, no solemos prestarle demasiada atención a nuestras amistades. No tendemos a concentrarnos en nuestros mejores amigos y en cómo mejorar aún más esas relaciones. Pensemos por un momento en esas pocas personas especiales que están en la lista de nuestros mejores amigos y hagámonos estas dos preguntas:

1. *Si esta relación es buena, ¿valdría la pena explorarla para que sea aún mejor?* Si nos gusta esa persona y nos sentimos atraídos hacia ella, ¿por qué no? Existe una razón por la que somos mejores amigos. Hay beneficios que ambos experimentamos hoy mientras avanzamos por la vida. ¿Por qué no más y mejor?

2. *¿Existen áreas específicas de la vida en las que mis mejores amigos y yo podríamos ser más beneficiosos los unos para los otros?* Algunas amistades tienden a ser amistades "especiales". O sea, la energía permanece en la crianza, el matrimonio o noviazgo y no ahonda en la salud física, la familia de origen, los valores espirituales o las finanzas. Aun cuando cada mejor amigo tenga su área de especialidad, puede haber ayuda disponible que no hayamos utilizado en nuestra relación.

Yo he experimentado el "problema del potencial" en mis propias amistades y he visto magníficos resultados cada vez que apliqué los principios que había aprendido. Recientemente, almorcé con un amigo cercano. Ambos expresamos la importancia que teníamos el uno para el otro de una manera específica. Creo que ambos lo sabíamos, pero nunca lo habíamos expresado con claridad. Los dos nos fuimos con una profunda sensación de "Esta persona es para toda la vida". La conversación misma nos había ayudado a usar más del potencial en la relación.

Lo más cercano a esta clase de pensamiento es en la esfera romántica de la vida, el matrimonio y el noviazgo, donde hay gran cantidad de buenas investigaciones y útiles principios para crear intimidad, comunicación y profundidad dentro de esas relaciones. Aunque el mundo romántico tendría que ciertamente ofrecernos también una amistad cercana, ésa es sólo una persona. El mundo de la amistad tendría que consistir en varias personas e idealmente incluir a nuestra pareja. Ese ámbito tiene sus propias ideas y principios, que encontramos en este libro, que pueden enriquecer y satisfacer nuestras relaciones de manera excepcional.

Una necesidad

Tal vez ustedes tengan una relación de matrimonio o noviazgo saludable. Pero, lo que sea que esté ocurriendo en la vida de ustedes, la investigación sigue llegando a la conclusión de que *todos los aspectos de nuestra vida están profundamente afectados por la presencia o ausencia de amistades.* Las amistades son más que un lujo o la frutilla del postre. Son una necesidad.

Los investigadores han estado estudiando los efectos del aislamiento social desde los años 70 y la evidencia es abrumadora. Han descubierto que cuando la gente está desconectada de las relaciones, sus condiciones médicas y psicológicas sufren. Las amistades afectan incluso las finanzas. Un reciente estudio a largo plazo descubrió que durante el colegio secundario, si alguien nos había nombrado como su mejor amigo, lo más probable es que ganaríamos un 2 por ciento más de dinero más adelante en la vida.

Este estudio descubrió también un efecto multiplicador: si uno había sido nombrado por cinco personas, el aumento del salario sería de un 10 por ciento.

El flujo de datos científicos avala lo que la Biblia dice sobre las amistades:

> *Más valen dos que uno, porque obtienen más fruto de su esfuerzo. Si caen, el uno levanta al otro. ¡Ay del que cae y no tiene quien lo levante! Si dos se acuestan juntos, entrarán en calor; uno solo ¿cómo va a calentarse? Uno solo puede ser vencido, pero dos pueden resistir. ¡La cuerda de tres hilos no se rompe fácilmente!* (Eclesiastés 4.9-12)

¿Pueden identificarse con el "caerse" en la vida y no tener a alguien de mucha confianza con quien conversarlo? Cuando nos caemos y estamos solos, nos cuesta mucho más esfuerzo volver a ponernos de pie.

El origen y propósito de la amistad

Las amistades son sin duda una parte esencial de nuestro desarrollo durante la infancia. Los bebés no comienzan su vida buscando amigos. Ingresan al mundo buscando un sistema de apoyo llamado mamá. Esa es su primera relación y la más importante, y es cuando comienzan a experimentar cómo conectarse, confiar y contactarse. Esto los prepara para todas las demás relaciones. Se dan cuenta de que las relaciones son el mejor lugar del mundo y que la vida funciona mejor cuando están conectados con los demás. En ese punto, pueden hacer contacto con papá y después de eso, con sus hermanos y hermanas.

Después de eso, entre los cuatro y once años, los niños gradualmente se interesan e involucran cada vez más con amigos. Sus primeras experiencias con su familia les han dado la preparación necesaria para dejar esas primeras relaciones y aventurarse en el mundo social, parte del proceso de "dejar y unirse" diseñado por Dios (véase Génesis 2.24). Aquí es donde florecen las relaciones en la escuela, en los grupitos de juego, en los deportes, las artes y la iglesia.

Las relaciones sociales de los niños a menudo comienzan a competir con la familia, y los padres tienen que establecer un equilibrio apropiado para cada edad para mantener todo en orden. Es común que los padres sientan que sus hijos ya no consideran que el hogar sea algo especial. Pero si la base del hogar es un lugar bueno, cálido y estructurado, esto es una señal de que la familia ha hecho una buena labor.

La "explosión de las amistades" entonces, tiene que dar lugar a la pubertad y los intereses románticos, que comienzan alrededor de los doce años de edad. En este punto, hay una época algo confusa de integración de las relaciones románticas con amistades del mismo sexo y del sexo opuesto, que continúa hasta entrados los veinte años. Todo esto ayuda a preparar a los jóvenes para actividades de adultos tales como establecer un sistema de apoyo maduro, noviazgo, matrimonio y crianza de los hijos. El resultado final es una mezcla saludable de relaciones románticas y no románticas, que suministran la conexión y crecimiento que necesitamos.

Todo el proceso es un desplazamiento en el centro de nuestra vida, desde lo que se llama nuestra "familia de origen" hacia nuestros propios amigos y nueva familia. Como parte de este dejar atrás y unirse, los amigos son cada vez más una fuente de amor, cuidado, dirección e interés para nosotros. La familia de origen, si es cariñosa y sana, es parte de esto, pero ya no puede ser el centro. Ese es el gran plan: dejar que los jóvenes tomen lo que han aprendido de sus familias y desplieguen sus alas y lo apliquen a su nueva vida. En ese sentido, los amigos son nuestra "segunda familia". Ellos continúan nuestro crecimiento y desarrollo a medida que maduramos: emocional, relacional, espiritual y profesionalmente. También proporcionan los ingredientes para el crecimiento que no hayan estado presentes en nuestra familia de origen, o ayudan a que se sane lo que pueda haber sido lastimado allí también.

En su propia experiencia de vida, Jesús aludió a la segunda familia:

> *En eso llegaron la madre y los hermanos de Jesús. Se quedaron afuera y enviaron a alguien a llamarlo, pues había mucha gente sentada alrededor de él. —Mira, tu madre y tus hermanos están afuera y te buscan —le dijeron. —¿Quiénes son mi madre y mis hermanos? —replicó Jesús. Luego echó una mirada a los que estaban sentados alrededor de él y añadió: —Aquí tienen a mi madre y a mis hermanos. Cualquiera que hace la voluntad de Dios es mi hermano, mi hermana y mi madre* (Marcos 3.31-35).

Dicho en otras palabras, los que comparten profundamente nuestros mismos valores hacia Dios son la familia que necesitamos como adultos. Los amigos se convierten en familia.

Yo estaba a cargo de un grupo pequeño de gente que deseaba profundizar su relación con ellos mismos, con Dios y con los demás. Era una serie de experiencias íntimas y vulnerables, en la que los miembros asumían grandes riesgos con los demás y donde descubrían una profundidad de amistad que jamás habían conocido. Después de reunirnos varios meses, les pedí que comentaran cómo iba el grupo. Uno de los miembros dijo: "Esta es la manera en que tendría que funcionar el cuerpo de Cristo."

Mientras conversábamos, me di cuenta de que ella se estaba refiriendo a todos los "unos a los otros" que enseña la Biblia, y cómo estas tendrían que ser las normas para nuestras mejores y más elevadas relaciones: ser devotos, honrar, vivir en armonía, no juzgar, aceptar, ser pacientes, perdonar, enseñar y exhortar, estimular a amar y realizar buenas obras, y amar profundamente desde el corazón. Así tendrían que ser las amistades. Así tendría que ser la familia.

Mientras escribo este libro, nuestros hijos han ingresado ahora en la universidad. Mi esposa, Barbi y yo nos hemos tenido que continuamente adaptar al hecho de que nuestros hijos tienen la mirada puesta hacia afuera y están más orientados hacia sus amigos que orientados hacia el nido. Seguimos estando muy conectados con ellos, pero la energía está sin duda "allí fuera", que es donde debe estar.

De la misma manera, como orador en conferencias sobre las relaciones, tengo el privilegio de dar charlas a los padres que han asumido su nuevo rol con sus hijos adultos. Aunque siempre seguirán siendo mamá y papá, y compartirán toda la historia, amor y honor que esto implica, ellos han aceptado que han dejado de ser el centro de la vida de sus hijos y que se han puesto a un lado, por así decirlo. No es fácil, y todos los padres tenemos que luchar para vencer el impulso de mantener a nuestros hijos adolescentes y adultos basados completamente en la familia. Tenemos que dejarlos ir para que puedan tener las grandes amistades que todos tendríamos que tener en la vida. Ellos están aprendiendo a ser buenos amigos a partir de los principios que aprendieron en el hogar.

Cómo ser buenos amigos

Como psicólogo y experto en relaciones, he observado durante muchos años cómo se relaciona la gente y he descubierto algunos principios que van a mejorar cualquier relación de amistad. En mi propia vida, he descubierto que operan esos mismos principios. Tengo la suerte de tener mi propio grupo de buenos amigos que han estado conmigo toda la vida y con los que he compartido muchas experiencias. No puedo imaginarme el mundo sin ellos y les agradezco a Dios y a ellos por eso.

No hace mucho tiempo, les pregunté a algunos de mis amigos más íntimos si podíamos hacer una "auditoría de nuestra amistad" y hablar sobre nosotros. Al principio resultó algo extraño, en especial con aquellos que había conocido por décadas. ¿Cómo pasamos de "¿cómo va todo?" a "¿cómo estamos nosotros?" No hay manera sencilla de hacerlo, así que nos zambullimos de lleno a la tarea.

Y estoy tan feliz de haberlo hecho. Cada amigo con el que conversé me informó que después de la charla se había sentido más cerca de mí y mejor acerca de la relación. A mí me sucedió lo mismo. En una de las amistades, lo que surgió fue la realidad de que siempre habíamos estado disponibles para el otro, tanto en las buenas como en las malas. En otra de ellas, reconocimos que creemos en lo bueno que vemos en el otro. En otra, el respeto mutuo era uno de los elementos principales de la relación.

Lo bueno superó en creces lo malo, lo cual tiene sentido en toda relación muy cercana. Pero eso no quiere decir que todas fueron afirmaciones y flores tampoco. Un amigo me dijo: "Con nosotros, tuve que ajustar mis expectativas y bajarlas." Era una linda manera de decir que él pensaba que yo no estaba haciendo una buena tarea, ya que no lo llamaba nunca y jamás tomaba la iniciativa de mantenerme en contacto con él. Tenía razón: yo estaba permitiendo que él pusiera el mayor esfuerzo en la tarea y, cuando lo mencionó, sentí remordimiento. Odié que alguien que yo valoraba tanto se sintiera así. Cuando un amigo íntimo nos confronta así con la realidad, ello tiene un profundo impacto. Le dije que deseaba cambiar y que me gustaría ser un mejor amigo en ese aspecto de la relación.

Otro amigo me dijo: "Algunas veces, vacilo en llamarte porque siempre pareces estar muy ocupado." Entre esas dos conversaciones, había un tema común, que es que con frecuencia me enfrasco en lo que estoy haciendo y no realizo esas importantes llamadas espontáneas que tendría que hacer. Hablamos de eso, intentando definir si yo ponía un letrero de "no disponible" o si él tenía dificultad en asumir un riesgo, ya que ¿cuál es el peligro cuando una persona dice: "No puedo hablar en este momento"? Finalmente estuvimos de acuerdo en que aunque estuviera ocupado, yo lo necesitaba como amigo en mi vida y que si él llamaba, yo estaría feliz de recibir su llamada. Si no podía hablar o reunirme con él en ese momento, arreglaría para hacerlo al poco tiempo.

Fue importante para mí notar el hecho de que yo no estaba tan disponible para mis amigos como me hubiera gustado. Si un par de personas en las que ustedes confían les dicen algo similar, presten atención. Esta es información extremadamente valiosa. Desde que recibí esos comentarios, me he tomado el tiempo para reflexionar profundamente sobre esa conducta y he hecho cambios importantes para mejorar las cosas. ¡Es bueno saber que tengo mejores amigos que sé que me van a decir si estoy cambiando o no!

Yo realmente valoro a mis amigos y los necesito en mi vida. Un proverbio ruso dice: "Dime quién es tu amigo y te diré quién eres." Espero que este libro, y las ideas que contiene, los ayuden a descubrir mejor quiénes son al profundizar sus conexiones con sus mejores amigos.

1

Amigos, buenos amigos y mejores amigos de por vida

Las amistades tendrían que añadir grandes cosas a nuestra vida: confianza, compañerismo y experiencias compartidas, por ejemplo. Pero nos costará algo: tiempo, energía y dedicación. Incluso las amistades más sencillas requieren algo de esfuerzo e inversión. Dada la energía involucrada, llegamos a esta pregunta: ¿todos los mejores amigos tendrían que ser nuestros mejores amigos de por vida? Idealmente, pienso que sí. Eso depende del curso de la vida y de las circunstancias. Existen pocas cosas en la tierra que duran para siempre. Pero la segunda categoría en este título tiene que ver más con la realidad de que las mejores amistades son abiertas y no poseen una fecha de vencimiento. Si sabemos que nos trasladaremos a otra ciudad el año que viene, sabemos que nos va a resultar difícil trabar una amistad profunda con alguien que vive allí, aun cuando esto pueda ser posible. De modo que cuando exploramos y trabamos amistades, lo más probable es que operemos pensando que vamos a ser buenos amigos para siempre.

Amigos

Tratemos de entender un poco nuestros términos. Cierta vez, un amigo me dijo: "Conozco mucha gente que después de conocer a alguien durante una semana, lo consideran su mejor amigo. Eso me parece un poco raro." Por lo general, eso se debe a falta de información, o a una crisis o desesperación, pero no es la manera de desarrollar amistades. Por sobre todas las cosas tenemos que cuidar nuestro corazón (Proverbios 4.23) y dedicar tiempo y energía para asegurarnos de que la persona que ingresa en nuestra vida y nuestro corazón realmente se lo merece. Un mejor amigo es una clase de amigo, de modo que es importante entender lo que esa clase de amistad significa.

El término "amigo" es extremadamente popular y amplio. Cuando leemos revistas o *gugleamos* la palabra, es un concepto difícil de definir. La mayoría de las descripciones son demasiado generales o demasiado anecdóticas:

- Alguien con quien compartimos nuestra vida

- Una persona que nos acepta cómo somos

- Un individuo al que le podemos decir cualquier cosa y con el que podemos ser lo que queremos

- Alguien con quien nos gusta sentarnos y charlar sobre lo que hemos estado haciendo, así como nuestras alegría y nuestras luchas

Son descriptivas, pero no identifican la esencia de la amistad de una manera que presenta delimitaciones precisas de lo que es y lo que no es.

Después de haber pasado algún tiempo investigando este tema, he llegado a la conclusión de que al nivel celular, una amistad tiene que poseer tres elementos: *conocimiento, aprecio* y *presencia.*

Esto parece sencillo, pero son los tres componentes clave que son universales en las amistades, desde los vecinos hasta la relaciones en la iglesia hasta las conexiones en el trabajo.

1. *Conocimiento.* Tenemos información objetiva y experiencia personal con estas personas. Sabemos dónde viven, si están casados y tienen hijos, en qué trabajan, cuáles son sus pasatiempos y sus creencias. Al nivel personal, tal vez conozcamos sus historias, qué les gusta y qué les disgusta, sus sueños y sus heridas. El *conocimiento* proporciona el fundamento que hará que esta relación sea una amistad y cuán profundamente puede avanzar. Y si lo que sabemos nos asusta o es nocivo, necesitamos tener esa información también.

2. *Aprecio.* Deseamos pasar tiempo juntos. Nos gusta estar con ellos. Cuando nos pasan cosas, buenas o malas, queremos que lo sepan y queremos saber qué les pasa a ellos. No queremos tener que llamarlos o a visitarlos por obligación, o porque sean beneficiosos para nosotros, sino porque *queremos hacerlo,* no porque *tenemos que hacerlo.* Este aspecto de las amistades ayuda también cuando tenemos conflictos o problemas en la relación. Sirve como una anestesia para superar los momentos difíciles. Y si alguien no nos agrada, es difícil decir que esa relación es una amistad. Un deber o un conocido profesional o alguna clase de obligación, quizás. Pero no una amistad.

3. *Presencia.* Los amigos pasan tiempo juntos. Así es como suceden el *conocimiento* y el *aprecio.* Puede ser una llamada telefónica, un almuerzo, una velada, un paseo en bicicleta, unas vacaciones. Pero pasar tiempo juntos es algo esencial. Cuanto más tiempo pasan juntas dos buenas personas, tanto mejor la relación. Hay un compromiso mutuo de estar juntos, y uno paga con gusto el precio por sus beneficios. Al-

gunas veces la gente se muda y dejamos de vernos con frecuencia. Esto no significa que dejemos de ser amigos, sólo que ahora es más difícil. Pero si les hemos dedicado tiempo antes de la mudanza, como hacer depósitos en una cuenta de inversiones, es mucho más fácil permanecer conectados.

Pensemos en nuestros mejores amigos ahora. Probablemente podamos reconocer la presencia de estos tres componentes en diferentes cantidades. Pero tenemos que tener los tres elementos. Son las cosas básicas que definen a la amistad y también a los mejores amigos.

Mejores amigos

Ahora pasemos a la categoría especial de los mejores amigos. Si la amistad es con alguien que tiene acceso a la información que nos define, entonces nuestros mejores amigos son aquellos a quienes les damos la llave de nuestra caja fuerte. O sea, dejamos que esas personas nos conozcan al nivel más profundo y vulnerable de nuestro ser. Los invitamos a que participen de las cosas más importantes de nuestra vida, nuestros

- Sueños
- Visiones para la vida
- Sentimientos
- Valores centrales
- Fortalezas
- Heridas
- Secretos

- Pecados
- Errores
- Pasado
- Angustias

No es fácil compartir estas cosas con los demás. Pero es esencial que lo hagamos si queremos tener amigos íntimos. El darles la llave a la caja fuerte significa que les estamos diciendo, en esencia, *te confío a mí mismo. No me traiciones y ayúdame a ser una mejor persona.* Así como la caja fuerte de un banco contiene valiosas inversiones, nuestra caja fuerte personal es algo que tenemos que conservar de manera segura, sin condena, y también desarrollar y convertir con el tiempo en algo mucho más valioso.

Un amigo mío concurría a un grupo que yo estaba liderando para profesionales. Se inscribió para el crecimiento de empresas con un toque personal. Él no conocía a nadie. Sin embargo, gran parte del tiempo estaba dedicado a conectarse, ser honestos y alentarse mutuamente para alcanzar excelencia. Con el tiempo, comenzó a entablar relaciones con esa gente y a salir a comer, él y su esposa, con los demás miembros y sus esposas. El grupo se convirtió en parte de su red normal de amistades, así como en amigos a un nivel más profundo.

Él no sabía que esto iba a ocurrir, ni lo había tampoco planeado. Pero lo atrajo el compromiso que compartían y se creó un ambiente en el que llegaron a conocerse, apreciarse y estar presentes. Lo mismo ocurre todos los días en amistades informales que crecen, en pequeños grupos y en los grupos que comparten los mismos intereses y pasatiempos.

Por lo tanto, un mejor amigo no es alguien que tiene alguna cualidad especial misteriosa e indescifrable que nadie más posee. Más bien es la persona que se ha convertido idealmente en una relación de máxima prioridad para nosotros y en la que estamos dispuestos a invertir personalmente. Vamos a darnos cuenta de que deseamos conocerla aún más profundamente. En nuestro interior, descubriremos una fuente cada vez más grande de amor y comenzaremos a sentir una feroz lealtad y a proteger nuestro tiempo compartido, ya que nos resulta vital a los dos. Así es como tendría que funcionar, y es la manera en que mejor funciona.

MEJORES AMIGOS DE POR VIDA

¿Cómo sabemos si un mejor amigo es realmente un mejor amigo de por vida? Cuando usamos las palabras *de por vida*, queremos decir: "No creo que esta relación llegue jamás a su fin." Estas son personas que son tan importantes y especiales para nosotros que figuran en nuestra "galería de famosos". Estas son las personas que deseo que sean una parte permanente de mi vida. Deseo que dejen en mí su huella, su impresión, su efecto, sin fin a la vista. Ellos son extremadamente importantes para mí.

¿UNO O VARIOS?

¿Hay lugar para un solo mejor amigo o puede haber más de uno? Algunas personas creen que este es un asunto de una sola persona, que nuestro mejor amigo es el amigo número uno. Aun cuando podemos tener un amigo más íntimo, no es siempre así. "Mejor" significa simplemente que algunas relaciones son más profundas en cuanto a nuestra vida y dedicación. Es similar a las mejores películas, restaurantes y equipos deportivos.

La realidad es que también necesitamos más de una persona para mejorar la calidad de nuestra vida y nuestras relaciones. Diferentes amigos tienen diferentes virtudes que suscitan diferentes cualidades. La variedad ayuda. Es bueno poder llamar a varias personas "mis mejores amigos" y es una buena meta.

Una mujer que yo estaba aconsejando comenzó a prestarles más atención a sus mejores amigas, viendo cuánta diferencia aportaban a su calidad de vida. Descubrió que una de sus mejores amigas tenía la habilidad de ayudarla a abrirse, a ser vulnerable y a calar profundo en las áreas emocionales de su vida. Le encantaba cómo su amiga estaba disponible cuando la necesitaba y esto era muy importante para ella. Sin embargo, a la misma vez, ella tenía otra amiga que le demostraba su cariño y sus cuidados mediante recursos prácticos: consejos, buenas ideas, ayuda financiera y sugerencias. Sus conversaciones tenían un todo distinto, pero el valor estaba allí de todas maneras. "Buenos amigos" es un término plural.

¿Hombre o mujer?

¿Qué ocurre con los amigos del sexo opuesto? Con frecuencia, escucho esta pregunta. Muchas personas están preocupadas que una relación cercana con personas del sexo opuesto es demasiado peligrosa por la posibilidad de que la intimidad emocional termine en una relación sexual. De modo que, mediante este razonamiento, tendríamos que limitar nuestras profundas amistades a personas de nuestro mismo sexo.

Por cierto, hay buenas razones para ejercitar la cautela. Billy Graham era famoso por jamás entrar en una habitación de hotel hasta que uno de sus empleados no hubiera entrado primero, en caso de que alguien que no lo apreciaba hubiera colocado una mujer en una postura comprometedora con un fotógrafo presente. Y muchos pastores y líderes cristianos no se reúnen a puerta cerrada o viajan en el automóvil con personas del sexo opuesto. Hay situaciones que requieren una cierta cantidad de cuidado y restricción, debido a los peligros. José, en la Biblia, físicamente huyó de la tentación con la esposa de Potifar (Génesis 39.12).

Sin embargo, habiendo dicho todo esto, los hombres y mujeres pueden ser buenos amigos. Aportan una perspectiva y una manera de ser que no pueden ser reemplazadas. Los puntos de vista masculinos y femeninos nos ayudan a equilibrarnos, crecer y mejorarnos. Jesús mismo tenía una profunda y perdurable amistad con dos hermanas, María y Marta, lo cual nos demuestra cómo valoraba él a las mujeres en una época en la que las mujeres eran consideradas inferiores (Lucas 10.38-42).

Pensemos en nuestra familia de origen. Fue diseñada idealmente para que fuéramos criados por una mamá y un papá. Ambos contribuyeron a nuestro desarrollo y preparación para la vida. ¿Tiene acaso sentido, una vez que hemos crecido y dejado nuestro hogar, no volver a relacionarnos nunca jamás con el sexo opuesto de una manera significativa a menos que estemos de novios o casados con esa persona? Eso limita mucho nuestro crecimiento y potencial de amistad.

De modo que evaluemos con cuidado nuestra situación. He visto muchos matrimonios sólidos que han mejorado gracias a sus amistades con personas del sexo opuesto. La amiga del esposo le dice que él sólo piensa con el lado izquierdo del cerebro y que no la está escuchando a su esposa. Es una abogada y guía para su esposa y su matrimonio. El amigo de la esposa le dice que ella no le permite a su marido pasar un tiempo "metido en la cueva", en el que él necesita estar solo durante unos minutos después del trabajo para recuperarse del día, dedicándose luego a su familia. Él también es un abogado para el marido y el matrimonio.

Yo recomiendo que ambos cónyuges pasen tiempo con el amigo, para que el otro cónyuge se sienta más seguro y sepa que está protegido, es amado y que todo esté bien. Pero el cónyuge que se siente inseguro tiene que ser escuchado y comprendido, porque él o ella vienen primero.

Sin embargo, si hay un problema corriente de carácter con las relaciones con el sexo opuesto, las cosas tienen que ser diferentes. Por ejemplo, si un hombre tiene por costumbre flirtear o comportarse de manera sexualmente inapropiada con las mujeres, o si ha sido alguna vez infiel, necesita buscar que lo aconsejen y ayuden con esos asuntos antes de arriesgarse a entablar una relación cercana con una mujer. Por el momento, tiene que estar sobrio y limitarse a sus amigos hombres, así como un alcohólico tendría que evitar ponerse a trabajar en un bar.

La pregunta delicada aquí es el problema que surge cuando una esposa no desea que su pareja tenga amigas del sexo opuesto, pero el problema son sus miedos e inseguridades, no el carácter o amor de su esposo. En esa situación, el riesgo es que él podría reducir las conexiones sanas, devotas, que respaldan a su matrimonio para que ella no se sienta ansiosa, y entonces ella nunca se vería en la necesidad de enfrentar y lidiar con sus propios miedos y dificultades.

En esa clase de situación, el que tiene el problema nunca lo enfrenta, y el que no tiene el problema paga por el perjuicio de su esposa. Una opción en este caso es que la esposa consiga ayuda para este problema y que el esposo se mantenga sensible a sus sentimientos, apoyando su crecimiento y siendo totalmente confiable. Yo trabajé con una pareja en la que la esposa se sentía intensamente celosa de cualquier mujer atractiva con la que conversara su esposo, desde las vecinas hasta las compañeras de trabajo. Sin embargo, él estaba terriblemente enamorado de su esposa. La raíz del problema era que ella se había criado con un padre distante que engañaba a su mamá, y esa pesadilla hirió su capacidad de confiar en el carácter de los hombres. Una vez que ella se dio cuenta del problema, examinó su pasado, lloró por las pérdidas que había experimentado debido a su papá y pudo sentirse segura en el amor de su esposo, resolviendo así el dilema.

Desterremos la superioridad

Por último, recordemos que "mejor" no es una categoría moralmente superior. Nuestra mejor amiga es nuestra mejor amiga porque nos llevamos estupendamente bien, no porque sea mejor que el resto de nuestros amigos. Cuando le preguntamos al mesero del restaurante qué nos recomendaría, tal vez diga: "Mi plato favorito es el bife o las pastas." Favorito es simplemente favorito;

no es superior. Nosotros y nuestros mejores amigos no calzaríamos en ningún otro escenario de amistad, así que aquí no hay ni mejor ni peor.

¿Recuerdan el dolor de nuestra temprana adolescencia, cuando estaban de moda las camarillas? El no ser incluidos tenía un hiriente tono moral. Alejémonos de ese tono y estemos felices de encontrar excelentes amigos apropiados para nosotros.

Una gran vida requiere grandes amigos

Tengo una amiga que estaba luchando con un matrimonio muy frágil. A pesar de que ella y su esposo habían estado casados durante muchos años, había entre ellos una profunda alienación. Ella se sentía muy sola y descontenta en la relación y estaba considerando concluirla.

Ella había invertido la mayor parte de su vida en su familia y su empleo. Las amistades que tenía eran más bien relaciones sociales y vecinos; buena gente, pero nadie a quien ella pudiera realmente confiarle lo que estaba ocurriendo. Esto hacía que su soledad fuera aún peor. En realidad, ella nunca se dio cuenta de cuán aislada estaba hasta que su matrimonio empezó a irse a la deriva, lo cual se convirtió en el punto de inflexión que ayudó a empujarla a encontrar algunas personas seguras con quienes sincerarse.

Cuando ella formó estas relaciones, más por desesperación que por otra cosa, se sorprendió del impacto que esto tuvo en su matrimonio. Ella buscaba ayuda para sí misma, pero descubrió que su matrimonio estaba recibiendo ayuda también. Esas personas la escuchaban. Eran empáticas. Escuchaban su experiencia a un nivel profundo. Pero a la misma vez no tomaban el fácil camino de aporrear a su marido, quien no estaba presente para defenderse. En cambio, la alentaron a crecer, desarrollarse, cambiar y, a la misma vez, establecer límites precisos con la conducta de su marido también. Con el tiempo, ella y su marido comenzaron a acercarse nuevamente. Esta mujer atribuye gran parte del crecimiento de su matrimonio al impacto de estos "verdaderos" amigos. Su apoyo, aceptación incondicional, sabiduría y opinión fueron indispensables para ella.

Este es uno de los muchos aspectos positivos de tener buenos amigos. Ellos nos pueden ayudar a ser mejores personas, enriquecen nuestra vida y ayudan a sanar otras relaciones de nuestra vida. Tan sólo tenemos que reconocer su valor potencial y su importancia.

2

La necesidad accidental

A menos que nos concentremos y les dediquemos nuestra energía, los mejores amigos pueden avanzar durante mucho tiempo sin rendir su potencial y valor. Cuanto menos nos concentremos y esforcemos, tanto menos beneficio habremos de cosechar. Podemos ser proactivos y tomar la iniciativa para mejorar expresamente nuestras amistades. O podemos ser pasivos y dejarnos llevar por la corriente y dejar que las cosas ocurran. Si somos personas amables, tendremos amigos de una manera u otra. Pero el ser pasivos no nos va a ayudar a entablar las magníficas conexiones que entablamos cuando somos proactivos.

Permítanme darles un ejemplo: Como familia, tenemos dos viejos perros labradores: Heidi y Casey. Han estado mucho tiempo con nosotros y estamos muy conectados con ellos. En estos últimos años de su vida, tienen menos energía y no nos exigen tanto jugar. Es fácil ser un poco pasivo con ellos: decirles hola cuando llegamos a casa, acariciarles la cabeza de vez en cuando y estar seguros de darles de comer. Y lo hemos hecho, especialmente cuando estamos ocupados con temas del trabajo o actividades familiares.

Cuando eso es lo único que hacemos, Heidi y Casey reducen la velocidad aún más. Duermen todo el tiempo, se ponen haraganes y hasta veo que aumentan sus problemas de salud. No estamos siendo negligentes o poco cariñosos. Es que nos ponemos también haraganes. Pero cuando nos esforzamos por jugar con ellos todos los días, los sacamos a caminar y los llevamos de excursión, podemos ver un cambio. Cuando somos proactivos, los perros tienen más energía, están más despiertos y parecen más jóvenes de lo que son.

Ocurre lo mismo con las amistades. Es probable que ustedes sean amables y cálidos con sus amigos, pero pueden descuidar el mantenimiento de la relación en cantidad (insuficiente tiempo) o calidad (lo que hacemos con el tiempo). Tal vez lo notemos de inmediato, pero las amistades mejoran o decrecen, dependiendo de cuán proactivos seamos. Tomemos la iniciativa y cosecharemos las recompensas.

Un encuentro casual

Las relaciones con nuestros mejores amigos pueden haber comenzado de diversas maneras, siendo la mayoría accidentales durante el transcurso de nuestra vida. Nuestras amistades más íntimas probablemente no comenzaron con una entrevista y un cuestionario, a pesar de que la era de la Internet está cambiando todo esto. Aun cuando podemos colocar anuncios de "se buscan amigos" en Craigslist y la gente puede solicitar que seamos sus "amigos" en Facebook, la mayoría de las amistades comienzan durante el simple transcurso de nuestra vida cuando conocemos a alguien que nos agrada.

Al hacer investigaciones para este libro, le pregunté a la gente cómo habían conocido a sus amigos más cercanos. La mayoría de las fuentes eran las siguientes:

- Los hijos son amigos de sus hijos
- Son amigos de la infancia y del colegio
- La universidad
- El lugar de trabajo
- El vecindario
- La iglesia
- Los presentó un amigo en común
- Un encuentro casual

Una amiga mía me dijo: "Hace diez años, yo estaba charlando con una vecina y ambas dijimos que necesitábamos caminar a la mañana. Así que comenzamos a hacerlo. El tema eran las caminatas, y el tener alguien con quien hacerlo hacía que fueran mucho más placenteras. Pero ahora, yo no me lo esperaba, la amistad es lo principal y la caminata es algo secundario. Ella y yo nos convertimos en grandes amigas."

Donde sea que hayamos conocido a nuestro mejor amigo, estábamos haciendo lo que se denomina "buscando una relación". Esto no quiere decir que uno estaba a la caza o desesperado. Simplemente significa que dentro de uno había una apertura a buenas y nuevas relaciones. Aun cuando no nos demos cuenta, estamos explorando.

Cuando yo saco a los perros a caminar por el vecindario, cuando ven a otro perro, tiran de la correa como locos y quieren jugar. Sin embargo, si ven a otra persona, no responden y siguen caminando conmigo. Según lo entiendo, su fuerte reacción a otros perros es en respuesta al recuerdo de la época en que eran cachorros y formaban parte de una cría. Los afectan los que son como ellos.

De la misma manera, nosotros miramos, escuchamos y prestamos atención a los que nos rodean. Podemos tener una vida plena y satisfactoria, pero de todas maneras respondemos a los otros "perros durante la caminata", si ellos parecen ser interesantes y cordiales.

El tema es que la mayoría de nosotros está siempre buscando más buenas relaciones, pero no hemos descubierto las cualidades específicas que estamos buscando, ni tampoco conocemos realmente el sendero para alcanzarlo. El comienzo de la relación con un mejor amigo puede ser bastante fortuito. Pero su cuidado y mantenimiento no tendría que serlo, si es que queremos obtener el mayor provecho.

Sin embargo, a menudo ni siquiera llegamos a abordar o experimentar dichas cualidades, ya que entran en juego otros factores más. Creo que para la mayoría de la gente, los mejores amigos, aun cuando sean una excelente fuente de apoyo, no son utilizados de manera significativa. Nuestras amistades no nos están proporcionando todo lo que podrían, ni a uno, ni al otro. El potencial no ha sido liberado. La buena noticia es que, con un poco de exploración y esfuerzo, podemos revertirlo y verdaderamente maximizar lo que hay a nuestra disposición, si así lo deseamos.

LA FALTA DE CONCIENCIA

Una de las razones por la que no utilizamos las amistades al máximo es que muchas personas simplemente no están conscientes de su potencial y del lugar que ocupan los mejores amigos en su vida. Los tienen, se preocupan por ellos y los aprecian, pero no por el valor que podrían aportar a su vida.

En estas situaciones, los mejores amigos son más bien "compañeros". O sea, son personas cercanas a nosotros, pero el propósito de la relación es sobre todo avanzar por la vida con alguien, flotando por el río en un estado de conexión. Aquí hay verdadera cercanía y ese apego es positivo. Pero lo que está ausente aquí es que los compañeros no impactan realmente nuestra vida; se mantienen en la periferia. Tal vez sean una caja de resonancia y alguien con quien podemos conversar sobre lo que está ocurriendo en casa y en el trabajo, pero no hay presentes ni un "pedir" ni un "dar". Ellos no son un factor importante en las decisiones y elecciones que tomamos en la vida. Son magníficos amigos para una parrillada en el jardín o partidos de fútbol con los niños, y son personas alentadoras pero, por lo general, eso es todo.

A menudo, cuando no conocemos el verdadero valor de un mejor amigo, les transmitimos a otras personas los asuntos que nuestros mejores amigos podrían manejar. Algunas personas buscan la ayuda de un pastor o terapeuta cuando están luchando con algo en la vida y se lo dicen a su mejor amigo mucho después. "No quería cargarte con mis problemas" o "Me daba vergüenza" o "No quiero ser una persona que requiere mucha atención" son algunas de las excusas más comunes.

Como psicólogo, he visto que un buen amigo puede sacar problemas a la luz. Antes de que un problema se convierta en un asunto clínico y requiera atención profesional, los buenos amigos pueden hacer un enorme bien para evitar que las cosas pequeñas se conviertan en grandes problemas.

También notarán que cuando los mejores amigos no tienen su lugar apropiado, se los trata como prescindibles. Las preocupaciones del matrimonio, los hijos, el noviazgo y el trabajo vienen primero y las amistades parecen tener que ajustarse alrededor de todo ello. Pensemos con qué frecuencia hemos cancelado una cita para tomar un café o almorzar con un amigo porque surgieron otros asuntos. Rara vez movemos montañas para no profanar los momentos sagrados que pasamos junto a nuestros mejores amigos.

Ciertos asuntos familiares vienen primero. Pero si notan que se han tomado la costumbre de siempre colocar a sus amistades en el último lugar de la lista, vean esto como un problema para reconocer su valor.

Una de las cosas que me alienta es que el grupo actual de jóvenes adultos valoran mucho las amistades. Están impulsados por las afiliaciones e invierten tiempo en la comunidad a un profundo nivel. Algo que lo indica es el surgimiento de términos tales como *bromance* y *womance* que aluden a conexiones profundas y personales entre amigos del mismo sexo. Esta generación está en "búsqueda de relaciones" y no simplemente a un nivel romántico. Tenemos mucho que aprender de ellos.

Si se dan cuenta de que no les están dando el valor apropiado a las relaciones con sus mejores amigos, les recomiendo que durante los siguientes noventa días pongan un asterisco junto a la siguiente reunión que tengan agendada con su mejor amigo, ahí mismo junto al nombre. Esa será una pequeña señal de que tiene que existir una muy buena razón para posponer esa reunión. A menos que sea una crisis, ustedes y su mejor amigo se van a reunir. Es una manera de reorientarnos hacia el valor que aportan las amistades íntimas.

El interés amoroso como el único mejor amigo

A veces escucho: "Mi esposa es mi mejor amiga; yo no necesito a nadie más que a Dios." En este escenario, la esposa o el interés amoroso son la única fuente y centro de "lo real" de la vida. La conexión romántica, ya sea una relación de noviazgo o un matrimonio de cincuenta años, es el único lugar en donde se vuelca la energía. Las amistades son apreciadas y vistas como algo bueno, pero no "vamos allí" con nadie más que con la persona que amamos.

Por un lado, tenemos que afirmar la profundidad y compromiso del que tenga un gran matrimonio. Hay pocas cosas más maravillosas que esa unión sagrada para toda la vida. El matrimonio tiene que ser protegido y alimentado, lo cual lleva tiempo, vulnerabilidad, inversión, buenos límites y energía.

Sin embargo, una de las mejores cosas que podemos hacer para que nuestro matrimonio sea excelente es tener cada uno de nosotros mejores amigos. Esta no es una simple sugerencia positiva; es una necesidad por diversas razones.

Primero, el matrimonio requiere otras fuentes. Nuestro cónyuge no puede satisfacer cada una de nuestras necesidades de relación, ni podemos nosotros tampoco satisfacer las suyas. Tenemos muchas necesidades y en cantidades diversas. Pensemos en la lista de cualidades de las amistades que hemos mencionado en este libro. ¿Puede nuestro esposo o esposa satisfacer cada una de ellas en todo momento? ¿Funcionaría si lo intentaran? Probcmos mostrándole una lista de ellas a nuestra pareja y preguntémosle: "¿Puedes hacer todo esto por mí, casi todas las semanas, por el resto de nuestra vida?" Si nuestro cónyuge es sano, se va a asustar un poco y luego dirá: "Necesitamos un grupo pequeño."

No fuimos diseñados para que una sola persona pudiera satisfacer nuestras necesidades más profundas. Fuimos diseñados para estar en comunidad. Hay un gran equilibrio sano en la vida de la pareja que le da prioridad al tiempo que pasan a solas, pero que además salen y hacen cosas regularmente con otras personas. Incluidos en eso están también "mis amigos" y "tus amigos". Estas otras relaciones tienen que ser conexiones profundas y reales. Si las relaciones son el sustento de la vida, estos mejores amigos no sólo alimentan a la persona, sino al matrimonio también.

Yo estaba conversando con uno de mis amigos acerca del impacto que tenían sus amigos en su matrimonio, ya que tenía varios buenos amigos. Él y su esposa no sólo hacían las "cosas de pareja" con otros matrimonios, sino que regularmente él se aseguraba de tener conversaciones más profundas y conectadas con unos pocos amigos íntimos de su confianza. Me dijo: "Cuando regreso a casa, siento un mayor aprecio por mi esposa y un mayor interés en su mundo." Su esposa está de acuerdo ya que ella ha también experimentado el beneficio de tener buenas amigas.

Si estamos casados, ese es un buen diagnóstico para nuestros mejores amigos. Si regresamos a casa después de salir con nuestros amigos y no podemos obviar los defectos de nuestro cónyuge y notamos algunos más debido a los comentarios y observaciones de nuestros amigos acerca de él, probablemente tengamos que limitar esas amistades. Los buenos amigos dicen la verdad, pero también hacen todo lo posible para ayudar a que nuestro matrimonio crezca y se desarrolle.

Además, pensemos en todos los conflictos que las parejas de recién casados tienen al respecto. Uno de ellos tiene un grupo de amigos íntimos con los que ha pasado toda su vida. El otro no se inclina hacia las amistades íntimas. Con frecuencia, cuando el matrimonio comienza a trasladarse a la etapa posterior a la luna de miel, el que no tiene las amistades va a resistir esas relaciones: "Deseas estar más tiempo con ellos que conmigo." Por otro lado, el cónyuge que tiene amigos comenzará a sentirse sofocado y controlado: "No deseas que tengamos una vida."

Si el esposo que tiene amigos está descuidando el matrimonio, eso tiene que terminarse y ser encaminado de manera diferente. Pero si no es así, la esposa tiene que examinar qué es lo que le da miedo y qué es lo que está resistiendo. Quizás tenga miedo de que su conexión no pueda competir con sus amigos. Pero si hay un problema en la conexión, el eliminar a los amigos no va a resolver el problema: creará una alienación y distancia aún mayor entre los dos. A menudo, la esposa tiene que enfrentar sus propias inseguridades y darse cuenta de que él la quiere y confiar en el amor y la fortaleza del vínculo matrimonial. Si lo hace, es muy probable que se dé cuenta de que los buenos amigos acrecientan la conexión que desea tener con su marido.

Este es un problema común con los esposos, probablemente más que con las mujeres. Dado que la mayoría de las mujeres aventajan a los hombres en lo relacional, a veces los maridos, sin darse cuenta, ponen a sus esposas en la situación de ser la única relación profunda que tienen, el único conducto social. Ella es la persona en la que confían, y con quien comparten sus alegrías y sus miedos. Ella es la única con quien se atreven a mostrarse vulnerables.

Esta es una bendición mixta. Muchas mujeres darían todo lo que tienen para tener un hombre a su lado que desee conectarse con su esposa a ese nivel. Es siempre mucho mejor que la desconexión y el vacío. Pero el problema emerge cuando la esposa tiene que llevar una carga demasiado pesada: sus emociones, sus reflexiones sobre la vida, sus opiniones y sus sueños. Con el tiempo, esto puede transformarse en una conexión, no de matrimonio, sino de padres e hijos, ya que eso es lo que hacen los padres con sus hijos. Y, si es honesto, el cónyuge que actúa de "padre" va a admitir que la carga es demasiado pesada y que desearía que su pareja tuviera otras personas que la escucharan y apoyaran. ¡No ponemos toda la carga de un camión lleno de heno sobre un solo caballo!

La falta de vulnerabilidad

La vida es demasiado breve como para vivirla sin vulnerabilidad. Todos tenemos que ser transparentes y mostrar nuestro ser interior, nuestros errores y emociones a alguien. Los mejores amigos son el mejor lugar para satisfacer esa necesidad.

En realidad, no tenemos que ser vulnerables. Podemos sobrevivir bastante bien y tener una vida más o menos decente sin que nadie nos conozca profundamente. Nos sofocamos sin aire y nos morimos de hambre sin comida. Pero si nunca permitimos que alguien sepa cómo nos sentimos o lo que necesitamos, aun así podemos crecer, encontrar una carrera, contraer matrimonio, criar hijos, tener parrilladas y concurrir a la iglesia. Los efectos de la falta de vulnerabilidad son sutiles y prolongados, de modo que es común que algunas personas simplemente vivan la vida sin transparencia. Sin embargo, a la larga pueden surgir problemas en la calidad de su vida, conflictos de intimidad y problemas emocionales.

La falta de vulnerabilidad puede suscitarse por diversas razones: violaciones de su confianza en el pasado, heridas relacionales o simplemente una falta de exposición a conexiones auténticas. Sea cual sea la causa, ella reduce nuestra necesidad y anhelo de mejores amigos. Tener amigos requiere un cierto esfuerzo, pero exige riesgo y confianza establecer la vulnerabilidad que necesitamos para tener buenos amigos. De modo que algunas personas simplemente se niegan a ser vulnerables y se sienten aliviados de que así sea.

Si luchan con una falta de vulnerabilidad, tienen que enfrentarla y abrirse. Si le admiten a otra persona que son inseguros, que tienen alguna necesidad o que algo los ha lastimado en el pasado, se van a sorprender cuánto bien, cuánto aprecio van a experimentar de un mejor amigo. Si les resulta difícil abrirse a un amigo, convérsenlo con él. Díganle: “Me siento realmente incómodo de hablar sobre lo que está realmente sucediendo.” A menudo, esto romperá el hielo entre ustedes. Pero si eso los asusta demasiado, hablen con un terapeuta sobre ello y traten de superarlo. Directa o indirectamente, ustedes tienen que enfrentar el miedo de ser vulnerables con los que más les importan.

Sean intencionales en sus amistades presentes y futuras. No va a requerir que rehagan su vida, pero pagará altos dividendos.

3

La vida es mejor cuando pasamos tiempo juntos

Una de las grandes ventajas de mi vida son las "llamadas telefónicas sin propósito alguno". Son llamadas de mis amigos durante el día por unos pocos minutos para sólo preguntarme qué anda pasando. No hay agendas, no hay proyectos, no hay discursos. Todas las semanas, yo también trato de hacer algunas de estas llamadas. Las llamadas telefónicas sin propósito alguno me dan estímulo, como una taza de café a la tarde. Es asombroso el bien que hace hablar con alguien que verdadera y sencillamente apreciamos.

El primer elemento es donde todo comienza en las grandes amistades. Nos apegamos o vinculamos. Hay un aprecio mutuo entre nosotros. El apego es la razón por la que las personas llaman, se reúnen, envían textos y se van de vacaciones juntas. La vida es mucho mejor con esa persona que sin ella.

El aprecio

En las amistades, el apego tiene realmente dos partes: aprecio y conexión. El aprecio tiene que ver con sentirnos atraídos hacia una persona y puede obedecer a diversas causas: su personalidad, su calidez, sus intereses o su sentido del humor, por ejemplo. El aprecio es necesario para ser mejores amigos. Si no nos gusta alguien, es difícil pasar tiempo juntos y dedicar la energía necesaria para fortalecer la relación. Piensen en eso. ¿Qué si tuvieran que decir: "Sé que esta persona me hace bien, pero me siento incómodo cuando estoy con ella y me roba energía?" ¿O qué si dijeran: "Tendría que pasar tiempo con ella. Me hace bien, pero no hay ninguna química entre nosotros?" Sería como ir a terapia física para curarnos el esguince del tobillo. Nos hace bien, pero no es para nada placentero. Eso simplemente no funciona en las buenas amistades.

Algunas personas dicen que el aprecio es un tema de química personal y que no lo podemos controlar: es lo que es. Pero no creo que eso sea cierto. El aprecio puede cambiar, y lo he visto con frecuencia. Cuando crecemos y cambiamos, nuestros gustos y preferencias cambian con nosotros. Cuando tenemos diez años, odiamos el café, pero nos encanta cuando tenemos veinticinco años. Nos encantan los automóviles veloces, pero después empezamos a buscar algo que tenga un mejor andar.

En las relaciones, las preferencias suelen cambiar porque, en cierta manera, hemos evolucionado y somos más profundos. Nuestra capacidad para ver cosas buenas en los demás y sentirnos atraídos a ellos nos ayuda a superar los mecanismos estilísticos o distanciantes.

Yo solía estar en un grupo pequeño donde tenía dos amigos que no sentían ninguna simpatía entre sí. Yo me sentía un poco incómodo cuando estábamos los tres juntos. Me llevaba bien con ambos, pero ahí terminaba la conexión. El estilo de uno de ellos era severo y conservador; el otro era más espontáneo y liberal. Ambos eran buenas personas, pero eran diferentes y no se llevaban bien. El primero de ellos pensaba que el segundo era a menudo infantil y provocador, mientras que el segundo pensaba que el primero era parental y sentencioso. De vez en cuando, discutían y yo pensaba si existía la posibilidad de que algún día sintieran aprecio el uno por el otro.

Sin embargo, ellos continuaron involucrados en el grupo pequeño y continuaron intentando ser lo más vulnerables y transparentes posible con el otro. Con el tiempo, al continuar en el proceso, comenzaron a sentir afecto el uno por el otro. Se comprendieron a un nivel más profundo. El que era más estructurado comenzó a sentir aprecio por la espontaneidad del que era más suelto sabiendo de donde provenía esa conducta. El segundo de ellos, a la vez, se sentía atraído por la fortaleza del primero y sabía que, debido a su pasado, él había tenido que ser fuerte. Ambos fueron más allá de los estilos a la persona verdadera y sintieron compasión y comenzaron a sentir una verdadera simpatía por el otro.

De modo que si ustedes se encuentran en una situación compartida con alguien por quien querrían sentir simpatía pero no pueden, no supongan que eso será siempre así. Sean vulnerables a medida que comienzan a conocer la historia de esa persona. Profundicen en las cosas que les desagradan o que los irritan acerca de ella. Con frecuencia, vamos a ver que mejoran enormemente nuestros sentimientos hacia esa persona.

Tengamos presente, sin embargo, que aun cuando comencemos a sentir simpatía por alguien, no todos pueden ser nuestros mejores amigos. Aún más, aunque alguien nos agrade de inmediato, el sentir simpatía por esa persona no es ninguna garantía de que sea beneficiosa para nosotros o que la relación sea la adecuada. A veces nos sentimos atraídos hacia una cierta clase de personas por razones no muy saludables. La gente puede elegir a ciertas personas porque se sienten vacíos o quebrantados, no porque la otra persona sea la apropiada para ellos. Por ejemplo, la persona a quien le agrada rescatar a los demás encuentra a algún adicto a quien arreglar, a menudo porque esa es la manera en que ella se puede arreglar a sí misma. La persona que busca agradar a los demás se siente atraída por los individuos que son muy enérgicos así ella no tiene que hablar y ser directa y honesta. El introvertido elige al extrovertido para no tener que pensar cómo extenderse y asumir riesgos en sus relaciones.

Escuchamos decir que los opuestos se atraen, en especial en las relaciones románticas. Sin embargo, a menudo esto no es cierto y no es una buena guía para elegir a las personas apropiadas para nosotros. Elijamos a la gente basándonos en principios y evitemos la loca idea de "encontrar la pieza que nos faltaba".

Con el tiempo, estas atracciones no dan nunca buenos resultados. Esta es la razón por la que necesitamos saber qué nos atrae hacia ciertas personas y ser brutalmente honestos con nosotros mismos. Si no, corremos el gran riesgo de que después de la atracción inicial, la amistad sea desequilibrada y malsana.

Cómo conectarnos

El otro elemento del apego en las amistades son las conexiones. Ellas van más profundo que el aprecio. Las conexiones permiten la transferencia de gracia entre dos amigos. Así como los automóviles necesitan gasolina, nosotros necesitamos gracia en nuestras amistades para poder sostenernos a nosotros mismos y a nuestras relaciones también. Dios nos diseñó para que necesitáramos a los demás. Esto, en su nivel más profundo, puede ser satisfecho por nuestros mejores amigos. Cuando ellos no están, nos sentimos incómodos y sabemos que algo no funciona bien. Pablo describió sentimientos similares por sus amigos: "Nunca les hemos negado nuestro afecto, pero ustedes sí nos niegan el suyo" (2 Corintios 6.12).

Probablemente hayan ustedes tenido la experiencia de alejarse después de tomar un café o almorzar con alguien teniendo la sensación de que la otra persona estaba ausente. Hubo una charla, pero no hubo una verdadera conexión. Espero que, a la misma vez, tengan ustedes el recuerdo de haberse sentido menos solos, más llenos interiormente, e incluso más conectados con ustedes mismos después de compartir una cena con alguien. Cuando la gente habla de sus sentimientos, luchas y del otro, las cosas se conectan.

Recientemente, yo estaba bajo muchísima presión. Tenía que finalizar varios proyectos y me sentía bastante abrumado. Tenía una cita para almorzar con uno de mis mejores amigos, pero casi la cancelo porque pensaba que no tenía el tiempo para hacerlo. Pero después, me sentí más tranquilo y con más energía para organizar y ejecutar mis tareas. La conexión me había ayudado a avanzar.

Las conexiones son el resultado de abrirnos y ser vulnerables y de permitirnos sentir que necesitamos a los demás. Cuando estamos bajo presión y nos sentimos solos y abrumados, busquemos contactarnos con nuestro mejor amigo para que nos acompañe. Para comenzar, las conexiones son lo que crean un mejor amigo. Abren la puerta para ingresar en áreas más vulnerables de necesidades, luchas y fracasos, en las que es más difícil ser honesto y, sin embargo, son las más importantes.

Cómo profundizar el apego

Para profundizar el apego de las relaciones, es importante actuar de una manera que fomente la confianza y honestidad con el otro. El apego entre mejores amigos funciona mejor cuando ambas personas son vulnerables y honestas y hacen que esa vulnerabilidad sea parte de la amistad. Esto es importante porque sin vulnerabilidad mutua, una persona se convierte en el consejero y el otro en el aconsejado, lo cual no es la verdadera naturaleza de la amistad. Las amistades siempre son un camino de ida y vuelta.

Tenemos que crear vulnerabilidad en nuestras amistades. Tomemos la delantera y saquemos a la luz nuestras necesidades para recibir gracia, validación, aceptación, comprensión y seguridad en la relación. Pongamos nuestras cartas sobre la mesa, boca arriba. Aunque todos necesitamos hablar sobre nuestra vida diaria, nuestros hijos, la política, y demás, vayamos más profundo. Hablemos sobre cómo nos sentimos, no sólo lo que pensamos. Hablemos de lo que nos preocupa, nos frustra o nos entristece en nuestra vida.

Estas son algunas pocas preguntas que les darán a ambos algún asidero para sus pensamientos mientras buscan un apego más profundo. Dense tiempo para divagar y ser espontáneos. A menudo, aparecen cosas que los van a unir y esas conversaciones serán momentos en que ambos podrán asociar sus ideas.

- *En primer lugar, ¿qué fue lo que nos unió?* La historia ayuda a proporcionar perspectiva. Puede haber sido un evento deportivo, una reunión del vecindario o una función de la iglesia. Este es el acontecimiento fortuito en el que comienzan casi todas las amistades.

- *¿Por qué crees que nos agradamos mutuamente? ¿Qué es lo que nos une?* Esto coloca el "factor de agrado" bajo la lupa. Tal vez descubran que les agrada la buena disposición del otro, sus valores o su opinión algo cínica de la vida. Reconozcan y afirmen la bondad y valor de esas cosas.

- *¿Crees que nos estamos conectando bien personalmente? ¿Nos sentimos seguros cuando compartimos lo que está sucediendo en nuestra vida? ¿Nos aseguramos de que el otro se sienta seguro también? ¿Es nuestra relación un buen lugar donde profundizar, porque no hay demasiados lugares en la vida que lo sean?* Este es un paso más grande. Algunos amigos desean hablar sobre esto, porque sienten la necesidad de hacerlo y no tienen miedo. Otros son más reticentes. Aceptemos el nivel en el que está la persona. Con el tiempo, el solo hecho de que hayamos mencionado el tema va a ayudar.

- *¿Cómo podemos hacer para lograr que la relación sea un lugar mejor para conectarse?* Ahora estamos abiertos a las sugerencias del otro, lo cual puede mejorar las cosas. Pueden aparecer asuntos tales como:

    Me gustaría que pasáramos más tiempo hablando de temas más profundos y menos de las actividades de la vida.

    A veces siento que te sientes incómodo con mis respuestas emocionales y me gustaría saber si es verdad y de qué se trata.

    Pienso que a veces mantengo una cierta distancia contigo porque me da la impresión de que tú tienes todo bajo control y sé que yo no. Creo que necesito saber que tú no piensas que soy un fracasado total cuando hablo de mis problemas.

Ese es el patrón. Es simple y tal vez descubran que han comenzado con una de esas preguntas y eso le dio comienzo a toda una charla. Vayan a donde estén los intereses y la energía. A menos que tengan muy poco tiempo porque están muy ocupados, menos estructura y más profundidad los llevarán a donde desean ir. ¿Cómo se sentirían si estuvieran abriéndose con su mejor amiga y ella les dijera: "Qué bien, ¿y qué más tienes para contarme?" Es muy posible que después de eso se queden callados.

Esta es la manera en que los mejores amigos permanecen unidos y mejoran el cariño. Vale la pena la incomodidad que sentimos al principio. Ambos experimentaremos un buen rendimiento. ¿Recuerdan esas llamadas telefónicas sin propósito que mencioné anteriormente? Aunque no dispongan de demasiado tiempo, usen esas llamadas para ir más profundo. Tomen la iniciativa para ir más allá de enterarse cómo van las actividades laborales y familiares. Pueden decir: "Estaba pensando en la situación de tu matrimonio. ¿Cómo van las cosas?" O, "Deseaba decirte que realmente aprecio cómo me dejaste divagar y hablar tanto tiempo sobre las locuras de mi madre." Cada una de estas conversaciones allana el camino para una amistad mejor y más completa. Vale la pena.

4

La inversión de tiempo

Mi asistente me dio la hoja de trabajo para el día. Eché una ojeada a las preguntas y proyectos que teníamos por delante y percibí el cuarto ítem: "Cena con Tom: mirar qué fechas hay disponibles." En la superficie, parece tan sólo otro acontecimiento social que programar. Pero refleja algo mucho más importante. Tom es uno de mis mejores amigos y él y yo nos reunimos regularmente para cenar juntos. De hecho, lo veo con mucha más frecuencia que a muchos de mis amigos que están geográficamente cerca. Esta es la parte significativa: Tom vive en otro estado.

Esto funciona porque a pesar de que Tom y su familia viven en otra parte del país, él viaja regularmente a mi zona por razones de trabajo. Pero realmente funciona porque Tom hace que funcione. Él me llama y se asegura de que yo encuentre el tiempo disponible cuando él viene a mi ciudad. Tom es implacable y no se siente rechazado si no hago siempre lo mismo. Es un magnífico ejemplo de cómo pueden asegurarse los mejores amigos de permanecer conectados. Tom es mejor que yo en esto pero, gracias a su ejemplo, estoy mejorando.

Este es el punto: las mejores amistades requieren tiempo para crecer y producir las magníficas relaciones que necesitamos. Sencillamente, el tiempo no tiene sustitutos. Ambos necesitamos calidad y cantidad y podemos usar el tiempo como una ventaja en nuestra amistad.

Invirtamos temprano

Cuando una relación está en sus primeras etapas, digamos cuando un amigo se está convirtiendo en un mejor amigo, necesitamos vernos con más frecuencia. Cuanto más temprana la amistad, mayor frecuencia requiere. Es difícil crear un mejor amigo cuando los almuerzos, cafés, cenas o salidas iniciales son pocos y esporádicos. Eso no brinda el tiempo suficiente para erigir el fundamento. El término psicológico para esto es *interiorización,* lo cual se refiere al proceso de absorber las experiencias que tenemos con otras personas. Esto es más que la memoria, tal como la forma en que recordamos los ingredientes de una receta. La interiorización incluye lo cognitivo, pero va más allá de lo relacional y lo personal. Se suma y crece con el tiempo. Recordamos unas vacaciones. Interiorizamos la persona con la que nos fuimos de vacaciones. Las personas con las que nos conectamos al nivel más profundo se convierten en realidades emocionales dentro de nosotros, y las mantenemos allí dentro. Los niños desarrollan la sensación de ser amados y protegidos cuando tienen padres "interiorizados" que eran consistentemente cálidos y cariñosos. Tienen una imagen emocional en su interior que los alienta, los anima y los consuela en los momentos de tensión.

Junto a nuestros padres, hermanos, familia de origen, nuestro cónyuge y nuestros hijos, los mejores amigos son la gente que más interiorizamos. Con el tiempo, los encuentros se amontonan y acumulan en nuestro interior, de la misma manera que una cuenta de inversión se acrecienta cada vez que hacemos un depósito. Depositamos una conversación vulnerable, o una pena compartida. Y ese amigo es cada vez más importante y significativo para nosotros.

Piensen en sus mejores amigos actuales. Probablemente, verán que las primeras etapas implicaban una mayor frecuencia. Eso es parcialmente debido al efecto de luna de miel en la que ellos son nuevas personas que nos resultan interesantes y viceversa. Pero este período inicial es también la manera en que Dios nos ha diseñado, de modo que nuestra relación tenga una base, para que estemos "arraigados y cimentados en amor" (Efesios 3.17).

Una vez que los dos hemos invertido en la relación de amistad, nuestro mejor amigo será parte de nuestra vida, lo más probable es que para el resto de nuestra vida, aun cuando no nos veamos tan frecuentemente como desearíamos. Él es una parte constante y estable de nosotros mismos. No podemos realmente "olvidar" a un mejor amigo de la manera que nos olvidamos de un amigo. Están demasiado entretejidos en nuestra trama personal. Es por esto que podemos hablar con un mejor amigo que no hemos visto por años y de inmediato sentirnos conectados a un nivel profundo y satisfactorio. Las antiguas experiencias están funcionando a nuestro favor.

Si no tuvimos experiencias compartidas, no tendríamos la relación que experimentamos actualmente. Esto no quiere decir que una relación nueva no puede profundizarse rápidamente. Por cierto, eso ocurre. Y, a menudo, pueden formarse con el tiempo las mejores amistades. Pero no tiene sentido rotular a alguien como mejor amigo sin haberle dedicado tiempo a la amistad. Una fácil entrada significa una fácil salida. No deseamos que sea fácil; deseamos que sea algo sustancial con el tiempo. Necesitamos el patrimonio relacional como base. Llamémoslo "una gran relación" o "una persona realmente simpática". Pero todavía no lo llamemos un buen amigo. Mi consejo es esperar un año antes de rotularlo como mi mejor amigo. Digo esto no porque sea un mal rótulo;

es magnífico. Pero no lo hemos ganado todavía. Tenemos que pasar por algunos períodos de la vida con esa persona: buenos momentos, dificultades, aniversarios, vacaciones, tensiones, experiencias familiares y diferencias. Miremos el término "mejor amigo" como un diploma que nos hemos ganado, no como un título honorífico. Pero una vez que ambos hayamos ganado la condición de mejores amigos, tendremos el patrimonio a nuestra disposición y no tendremos que dedicarle el mismo tiempo que al principio (aunque si podemos hacerlo, por supuesto, hagámoslo).

Más es mejor

Al final, con las relaciones significativas, más es simplemente mejor. Si nos podemos reunir con mayor frecuencia y aún así poseer una vida equilibrada, eso es algo bueno. ¿Por qué no? Son muchos sus beneficios: más seguridad, aceptación, vulnerabilidad y honestidad. Estos son aspectos de la vida que cuantos más, mejor. Es imposible excedernos en lo que ofrece una buena relación. Tal vez sea imposible tener todo el tiempo que necesitamos para dedicarle. Pero si tenemos tiempo, tomémoslo. Si es difícil logísticamente mantenernos en contacto, no nos desalentemos o abandonemos la lucha. Tomemos la iniciativa, como lo hace mi amigo Tom, para reunirnos frecuentemente con nuestro mejor amigo. Salvo que haya un problema de dependencia, dos personas que sean amigas no pueden evitar mejorar la vida del otro.

Las investigaciones están mostrando ahora que la persona con la que pasamos tiempo influye en nuestra conducta más que nuestros mejores amigos. Los científicos están usando la capacidad de los teléfonos inteligentes para observar nuestros patrones de conducta y están descubriendo que nuestros hábitos y gustos están más altamente afectados por la gente que nos rodea, aunque sean sólo conocidos, que por nuestros mejores amigos con los que no pasamos mucho tiempo. Para decirlo de otra manera: la proximidad importa. Por lo tanto, en cuanto nos sea posible, tiene sentido que pasemos más tiempo con las personas más cercanas a nosotros.

El mejor ejemplo de esto, por supuesto, es un matrimonio saludable. Cuando dos personas comparten la vida, están juntas una enorme cantidad de tiempo, tanto en frecuencia como en duración. Y en un buen matrimonio, más es mejor. Por cierto, cada cónyuge necesita su propio espacio y amigos propios. Pero de última, el matrimonio fue diseñado para que más tiempo juntos signifique mayor intimidad, crecimiento, profundidad y gozo. El padre de mi esposa falleció después de cuarenta y seis años de matrimonio con su mamá. Una de las cosas que dijo su madre durante la recepción del funeral fue: "No fue lo suficientemente prolongado." Esa no fue sólo la declaración de un gran matrimonio, sino de una gran amistad. No siempre pensamos de esa manera. Pero consideremos quién, hoy día, diría eso de ustedes si se murieran de repente, aparte de su familia. Necesitamos algunos buenos amigos que piensen eso de nosotros también.

La cantidad justa

¿Cómo sabemos si no estamos pasando el suficiente tiempo con nuestros mejores amigos? ¿Hay un mínimo? Depende. A algunos mejores amigos les encantaría pasar tiempo juntos, pero las circunstancias o la desconexión entre ellos se los impide. Pienso que la mejor manera de determinar la cantidad adecuada de tiempo es a través de lo que ocurre gracias a la relación; cuál es el fruto de la conexión. Si está ocurriendo lo correcto, estamos por lo menos satisfaciendo el mínimo. Si no, tal vez se necesite dedicarle más tiempo. A continuación vemos cuáles son los elementos básicos del encuentro, a mi parecer.

- *Estamos al día.* Pasamos el suficiente tiempo con el otro como para estar al día en cuanto a los acontecimientos esenciales de su vida: familia, relaciones, trabajo, salud y demás. Eso requiere una cierta cantidad de tiempo. No mucho, pero algo. ¿Hay grandes brechas de información entre ustedes y sus mejores amigos? O, si alguien les preguntara cómo está la otra persona, ¿podrían ustedes resumir los acontecimientos importantes de su vida actual? A pesar de que algunos detalles pueden ser compartidos mediante los medios de comunicación social, asegúrense de conectarse cara a cara para ir al fondo del asunto. A veces la gente dice: "Estamos por encima de todas esas trivialidades mundanas. Nosotros nos conectamos al nivel del alma: no necesitamos esos elementos externos." Yo también creo en la conexión al nivel del alma, ¡pero esa alma tiene un cuerpo! Ese cuerpo tiene una historia y pasó por experiencias que formó lo que el alma es hoy día: acontecimientos, relaciones, logros, fracasos y pérdidas. Jamás capacitaría o aconsejaría a nadie sin tener alguna idea del contexto de su vida. Ambos necesitamos el tiempo suficiente para ponernos al día.

- *Conectados.* Sea lo que sea que necesitemos para permanecer emocionalmente conectados, ese es el mínimo de frecuencia. El estar al día y conectados no son la misma cosa. Uno tiene que ver con los acontecimientos importantes de la vida; el otro, con la intimidad. Básicamente, la conexión es la razón más importante por qué la gente se convierte en mejores amigos. Trae intimidad al otro. Están menos aislados, menos solos y más amados. Si ambos sienten que están unidos, aun cuando no estén juntos, eso está bien. Si descubrimos que es difícil sentirse cerca o apegado a la otra persona cuando estamos lejos, entendamos que ese es un problema que tenemos que resolver. Aún más, si vemos que es difícil abrirnos con la otra persona cuando estamos juntos, aun cuando no haya un conflicto en la relación y no tengamos un problema psicológico que nos impida sentir apego, es probable que sea hora de aumentar la frecuencia.

- *Honestos.* La verdad es algo que los mejores amigos valoran y aprecian. Son las opiniones y perspectivas que provienen de una rica fuente de tiempo y experiencia. Podemos confiar en ella. Sin embargo, la honestidad requiere tiempo, probablemente más tiempo que ponerse al día y conectarse, y puede ser difícil decirla y escucharla. Necesitamos tiempo para estar lo suficientemente cómodos como para ser honestos, especialmente a un nivel profundo. Pensémoslo de la siguiente manera: si sólo viéramos a nuestro amigo más íntimo una sola vez al año para almorzar, ¿cuánto lo confrontaríamos? Salvo que estuviera a punto de cometer un delito grave, probablemente no lo haríamos. Querríamos pasar ese precioso tiempo conectándonos y "estando allí" con esa persona. Y eso sería lo que corresponde hacer. ¿Y si almorzáramos juntos dos veces por mes durante un año? Es probable que seríamos más directos en cuanto a las cosas que nos preocupan y ese sería un buen uso del tiempo. Si nunca pudimos ser honestos en esos veintiséis almuerzos, es probable que al menos uno de nosotros tenga algo de temor. En otras palabras, ¿nos estamos reuniendo y hablando lo suficiente como para escuchar alguna verdad que podría ser importante?

Pensemos en estas tres cosas en nuestras relaciones más importantes. Tal vez tengamos que ajustar la frecuencia de una o más amistades para mantenerlas al nivel apropiado. Si no hay tiempo suficiente para hacerlo, aunque la persona pueda seguir siendo nuestra mejor amiga y tener un rol especial de por vida, tal vez no sea la clase de mejor amiga con la que podemos mantener una relación continua que nos respalda. La amistad puede ser buena cuando nos reunimos, o para las crisis en las que sabemos que esa persona estará dispuesta ayudarnos. Eso no es malo, pero hay una diferencia. Cuando tomamos la decisión sobre cuánto tiempo dedicarle a una relación, tengamos presentes estas dos clases de mejores amigos.

Y si nos damos cuenta de que no estamos al día, conectados o que no somos honestos con los mejores amigos que están actualmente en nuestra vida, tal vez sea bueno tener alguna clase de estructura regular de la que ambos podemos depender: un desayuno, un almuerzo, un café: esa clase de cosas. Saber que hemos puesto en nuestra agenda una cierta hora regular es algo menos de la que tenemos que preocuparnos. O, al menos, al final de la reunión, anotemos en nuestras agendas y planeemos cuándo nos volveremos a reunir. Hace diez años que yo me reúno a almorzar con un amigo íntimo. Confiamos en que ese rato es algo que respetamos y de lo que dependemos y ha sido un espacio importante para ambos. Las estructuras existen para conservar las conexiones. Usémoslas si eso nos ayuda.

Hay un "punto óptimo" de cuánto tiempo invertir en nuestros mejores amigos. Creo que la mayoría de nosotros podría dedicarle un poco más de tiempo a la gente que más nos importa. Hagamos la inversión.

5

Los mejores amigos en un mundo de Facebook

La semana pasada le pregunté a mi hijo Benny y su amiga Lili, ambos estudiantes, qué piensan de Facebook. Lili respondió: "Me gusta y no me gusta a la vez." Sorprendido, porque no conozco a demasiada gente de esa edad a quien no le guste Facebook, le pregunté qué quería decir. Ella me dijo: "Me gusta cuando puedo conectarme con la gente que no veo. Pero me doy cuenta también de que me pongo perezosa y escribo en Facebook a la gente que tendría que ver o con la que tendría que hablar. Eso no me parece bien." Su respuesta perspicaz nos lleva a la pregunta: ¿Hace Facebook que las amistades sean mejores, peores o ni lo uno ni lo otro?

La mayoría de la gente que yo conozco está usando ahora conexiones digitales, desde enviar mensajes de texto a correos electrónicos a medios de comunicación social como Facebook y Twitter. Nos conectamos con los demás de manera instantánea y formamos comunidades. Las conexiones digitales nos muestran además qué importante es la gente para nosotros y cómo constantemente buscamos alguna clase de contacto. Esta conexión, en especial la de los medios de comunicación social, tiene una mayor presencia en nuestras mejores amistades.

No es la vida real

Aun cuando los medios de comunicación social pueden ser útiles para mantener las conexiones y acrecentar la relación con conocidos con quienes compartimos áreas de intereses comunes, la mayoría de la gente no conoce a sus mejores amigos a través de los medios de comunicación social. Por supuesto que hay excepciones, tales como los compañeros del colegio secundario que reinician sus amistades en Facebook, pero en la mayoría de los casos, la gente simplemente conoce a sus mejores amigos cara a cara en algún ámbito de la vida y luego usan los medios de comunicación social para permanecer conectados con ellos. Simplemente, hay demasiados obstáculos para comenzar una amistad íntima a través de los medios de comunicación social, tal como el tiempo involucrado, no poder conocer quién es realmente esa persona y entender el contexto de su vida.

Una vez que hemos establecido una amistad, la conexión digital, en especial la de los medios de comunicación social, es esencialmente neutra. En cuanto a su verdadera naturaleza, no es ni buena ni mala; es más bien una lupa. En las relaciones con nuestros mejores amigos, los medios de comunicación social hacen que las cosas buenas sean mejores y que las cosas malas sean peores.

Cuando la gente tiene una amistad saludable y honesta, Facebook es una excelente manera de mantenernos en contacto debido a su conveniencia y eficiencia. Si tenemos cinco minutos entre reuniones, podemos poner comentarios en el muro de una amiga y leer algo que ella haya escrito sobre sus hijos o sobre un viaje que está haciendo. Personalmente, me da muchísima satisfacción comunicarme instantáneamente con gente que conozco alrededor del mundo. Resuelve muchos de los problemas de no poder ver o hablar con alguien cercano a nosotros. No es demasiado sustancial y personal, pero es una buena conexión a nivel social.

Por otro parte, el otro lado también es cierto. Si la relación está en problemas, es difícil solucionarlos a través de las conexiones digitales. Todo lo que sea negativo o polémico parece mucho peor cuando lo leemos. De hecho, yo le digo a la gente que nunca se confronten digitalmente, ya que es muy fácil para el que responde sentirse atacado o juzgado. También, esta clase de medio me permite ocultarme. Podemos presentar aspectos nuestros que no son ciertos o esconder partes que no deseamos que los demás conozcan. Es un simple tema de construir una imagen pública que no es verdaderamente cierta. Supongamos, por ejemplo, que estamos teniendo dificultades en una relación, pero no deseamos desalentar a nuestra mejor amiga. Entonces tendremos la tendencia a colocar fotografías y datos superficiales, sin ir al meollo del asunto. Es otra cosa si vamos a hablar pronto con ella. Estamos simplemente aguardando una conversación oportuna. Pero si estamos evitando la información negativa, no estamos ayudando a desarrollar nuestra relación. Esto no significa que tendríamos que expresarlo en línea. Lo que quiere decir es que tenemos que ser intencionales y encontrar el tiempo necesario para ser personales y estar presentes cuando lo hagamos.

Dependencia instantánea

Otro aspecto negativo de los medios de comunicación social que afecta a las amistades es el problema de no tomarnos el tiempo y el esfuerzo para reflexionar y pensar sobre nuestra propia experiencia. Todos tenemos que tener espacio para pensar nuestros pensamientos y sentir nuestros sentimientos. Así es la manera en que se forma y se mantiene la identidad. Tenemos que saber lo que pensamos y sentimos acerca de todo, desde la película que acabamos de ver al estrés que padecimos en el trabajo, desde el problema en la familia con un niño enfermo a lo que hemos aprendido de un versículo de la Biblia. Cuando le enseñó a Timoteo cómo tenía que vivir, el apóstol Pablo también le dijo: "Reflexiona en lo que te digo, y el Señor te dará una mayor comprensión de todo esto" (2 Timoteo 2:7). David le dijo al Señor que "en tus preceptos medito, y pongo mis ojos en tus sendas" (Salmo 119:15). La reflexión, meditación y pensamiento requieren una cierta cantidad de tiempo apartados de los demás para que sepamos dónde estamos. No significa que nuestra opinión sea concluyente. Es simplemente donde hemos aterrizado hasta ahora, y ahora podemos usar nuestras relaciones para que nos aclaren la realidad y nos aporten una nueva y mejor perspectiva que va a beneficiarnos.

Cuando la gente no puede hacerlo, acuden a otras personas para que les den realidad, no para aclararla. En el mundo de la psicología esto se denomina un problema de dependencia. Ellos dependen de las opiniones externas de los demás y tienen miedo de confiar en sus opiniones internas. Los hijos acuden a sus padres y les preguntan: "¿Qué amigos tendría que invitar a la fiesta?" Su dependencia los obliga a buscar la información de mamá y papá, que con el tiempo se va a interiorizar, y luego, a la larga, toman sus propias decisiones. Pero algunos adultos acuden a sus amigos y, antes de haber realmente pensado y deliberado a solas, les preguntan: "¿Salgo con este muchacho?" "¿Qué empleo tendría que aceptar?" o "¿Tendría que mudarme?"

La razón por la que las conexiones digitales presentan un problema aquí es debido a su conveniencia y porque los demás están tan dispuestos a ayudar y dar perspectiva, no sabiendo que esto podría ser una muy mala idea. No podemos plantear preguntas que no hayamos procesado a solas y luego obtener una gran cantidad de información de nuestros amigos al respecto. Yo era el entrenador de una mujer ejecutiva que estaba saliendo con varios hombres. No bien tenía una conversación significativa con uno de ellos, tal como más vulnerabilidad, o algún conflicto, de inmediato les enviaba a sus amigos un mensaje de texto, un correo electrónico o escribía en Facebook para ver lo que pensaban sobre lo que ella había dicho y lo que había ocurrido. El resultado era que en vez de llegar ella misma a conclusiones deliberadas sobre estos hombres, ella seguía los consejos de quien fuera que la estuviera aconsejando en ese momento y el consejo era, con frecuencia, contradictorio. Finalmente, yo le pedí que esperara un rato, que pensara y que sacara algunas conclusiones sobre los hombres antes de acudir a sus amigos. Esto funcionó mucho mejor. La información que recogía tenía mucho más que ver con recibir comentarios que aceptar la opinión de los demás. Es importante reconocer cómo estamos usando los medios de comunicación social y corregir nuestro rumbo cuando sea necesario.

Cómo hacer que sea real

Algunos mejores amigos son locales y es fácil reunirnos con ellos cara a cara; otros, no. Los correos electrónicos y los medios de comunicación social son útiles en el segundo caso. Pero nada se compara con reunirnos cara a cara, aun con Skype. Es simplemente un tema de información. El estar físicamente en el mismo espacio con alguien nos da acceso a las palabras, el tono, el contacto visual, el lenguaje del cuerpo y muchas otras maneras de comunicarnos. Si nos hemos mudado recientemente de un lugar donde estábamos profundamente conectados, no es una buena idea evitar encontrar buenos amigos locales mientras nos mantenemos en contacto con nuestros viejos amigos a través del correo electrónico y los medios de comunicación social. Necesitamos la naturaleza personal de un cara a cara. A pesar de que es importante no olvidarnos de nuestros mejores amigos, asegúrense de conectarse con sus nuevos amigos en persona.

6

DISCADO RÁPIDO

Mi esposa está muy conectada con Nancy, una de sus amigas más queridas. Casi puedo predecir que cuando algo importante le ocurre a Barbi, ella me va a enviar un mensaje de texto a mí o a Nancy, según quien ella piense que está disponible. Un día llegué a casa del trabajo y Barbi me dijo que había recibido un premio como maestra. La felicité y le pregunté si se lo había contado a Nancy. Barbi me respondió que ya lo había hecho "antes".

Los mejores amigos son el primer lugar donde tendría que aterrizar nuestro cerebro cuando nos sucede algo importante. No fuimos diseñados para vivir los acontecimientos relevantes y los momentos difíciles a solas, dándole vuelta a las cosas en nuestra mente. Por cierto, siempre tenemos que reflexionar sobre las cosas y orar. Pero cuando algo nos impacta, tendríamos que automáticamente pensar: "Necesito contárselo a mi mejor amigo." Esto obedece al hecho de que la realidad es más real cuando la compartimos con otro. Los altos y bajos de la vida son más importantes cuando alguien más está consciente de ellos y lo podemos conversar juntos. Gálatas 6.2 nos dice que nos ayudemos "unos a otros a llevar sus cargas". Las tenemos que compartir. Tenemos que sacar ventaja de la realidad de que alguien se preocupa y está comprometido con nosotros. El mantener a nuestros amigos al corriente de las celebraciones, las crisis y los problemas es lo que hace que las relaciones valgan la pena.

Las celebraciones

Cuando una niña de segundo grado va a su papá y le muestra un dibujo y le dice: "Mira, dibujé esto", ella desea y necesita que él le diga algo así como: "Ese es un precioso caballo" o "Me gustan los colores" o "Estoy orgulloso de ti". La validación de su padre ha hecho que su dibujo y sus propios esfuerzos sean más reales. La validación nos hace saber que nuestra experiencia cuenta, y que le importa a alguien más. Cuando somos validados, somos más. Nadie crea su propia identidad a solas. Tiene que ocurrir dentro de una relación. E incluso en el mundo de los adultos, necesitamos alguna clase de validación.

El estar con nuestro mejor amigo es un poco como tener un álbum de recortes de nuestros recuerdos más preciados. Después de cada encuentro, depositamos otra experiencia más en el banco de los recuerdos: risas, un dolor compartido, un desacuerdo vigoroso y la discusión de un problema complicado. Y ese álbum de recortes está luego disponible para los momentos en que lo necesitamos. Cuando lo llamamos a nuestro amigo y le decimos: "¡Acabo de conseguir la cuenta de Gonzáles!", la respuesta de alegría y afirmación de nuestro mejor amigo toma esa experiencia y la coloca en las páginas del álbum de recortes. Luego, cuando la necesitamos, por ejemplo, cuando perdemos las siguientes dos cuentas, allí la podemos encontrar. La relación garantiza que recordemos que sí sabemos lo que estamos haciendo y que debemos continuar con nuestros esfuerzos.

LAS CRISIS

Nuestro mejor amigo no sólo tiene un importante rol en las celebraciones, incluyendo tener un hijo, irnos de vacaciones o mudarnos a una casa nueva, sino también en las dificultades de la vida. Cuando estamos en medio de malas noticias, disquemos rápidamente a nuestro mejor amigo. Puede ser una dificultad financiera, un noviazgo fallido, un hijo en problemas o malas noticias en nuestro matrimonio. La mente tarda en tomar decisiones difíciles cuando estamos en medio de un problema y, a veces, sólo necesitamos que alguien nos acompañe, que esté presente. Nos saca del estado de conmoción y nos ayuda a poner manos a la obra para tomar una buena decisión.

Cierta vez, un amigo me llamó cuando la pescaron a su hija en una mala situación relacionada con drogas. Él es un hombre muy capaz y yo sabía que él podía manejar el problema. Pero las noticias lo tomaron por sorpresa. A los pocos minutos, diseñamos un plan de acción para los siguientes pasos. Mi amigo podría haber hecho esto solo. Pero le hubiera llevado más tiempo y presencia de ánimo que los que tenía. Esta es la razón por la que los mejores amigos se discan rápidamente entre sí.

LAS QUEJAS

Asimismo, los mejores amigos se descargan entre sí. O sea, hay situaciones que no podemos cambiar o sobre las que no podemos hacer nada. Simplemente necesitamos alguien con quien descargarnos. Nos hace sentir mejor quejarnos sobre las cosas que nos frustran, aun cuando nada ocurra como resultado de la conversación. Al menos, nuestro mejor amigo lo entiende y no estamos a solas en esa situación. Esto es lo que ocurre en los buenos matrimonios, cuando los cónyuges se reúnen al final del día y comparten qué fue lo que los fastidió ese día. No tiene nada que ver con arreglar, cambiar o dar un buen consejo. Es no estar solo en esa situación. Es por eso que, si tenemos la costumbre de dar consejos, lo restrinjamos con nuestro mejor amigo o, por lo menos, pidamos permiso antes de darlos. Por otro lado, estemos conscientes de que no deseamos estar siempre quejándonos. Algunas personas tienen un apego emocional a protestar o a quejarse y no deseamos arruinar una amistad por ello.

Algunas personas se preocupan de que se están descargando de manera equivocada o quizás demasiado. Eso puede ocurrir y hay algunas cosas que podemos hacer para lidiar con estas cuestiones. Comencemos por preguntarle a nuestra mejor amiga si somos demasiado intensos o nos enojamos demasiado. Tal vez, ella nos diga: "No, esto es muy normal." O tal vez diga: "Sí, es un poco demasiado para mí." Si escuchamos esto de más de una persona, tal vez haya llegado el momento de ir a un terapeuta que nos pueda ayudar con nuestras emociones. También, miremos cuál es el fruto de descargarnos. Si nos ayuda a resolver problemas, seamos responsables y llevemos nuestra propia carga; está probablemente bien. Pero si aumenta nuestra dependencia, de manera que no podemos vivir sin ello, tal vez necesitemos obtener ayuda.

Cuanto antes, mejor

La inmediatez ayuda a nuestro mejor amigo a ayudarnos. El estar "en el momento" nos ayuda a relacionarnos emocionalmente cuando la experiencia está aún fresca. Una vez que se convierte en un recuerdo, la contribución de nuestro mejor amigo tiene un impacto menor. Mientras nuestra mente está aún como cemento mojado en cuanto a lo ocurrido, nuestro mejor amigo puede ayudarnos a encontrarle sentido a la experiencia. Vemos que el apóstol Pablo deseaba enfrentar cara a cara a sus amigos de manera similar: "Tengo muchos deseos de verlos para impartirles algún don espiritual que los fortalezca" (Romanos 1.11).

No hay nada más triste que un mejor amigo que se entera después de varias semanas del hecho de que su amigo experimentó una importante pérdida o cambio en su vida, y que no se lo dijo.

Un amigo mío que vive en otro estado perdió su trabajo. Yo lo llamé sólo porque había estado pensando en él, y entonces me lo dijo. Cuando le pregunté: "¿Por qué no me llamaste?", él me dijo: "No quería ser una carga para ti." Hablamos un poco más sobre ello, porque lo que él no se había dado cuenta era de que, al no mantenerse al día conmigo, se estaba convirtiendo, por definición, en una carga. Ahora no me tenía que preocupar de que si algo importante ocurría en su vida, yo no me iba a enterar hasta que no llamarlo.

Si ustedes, como mi amigo, no quieren ser una carga para sus mejores amigos, piénsenlo otra vez. Para eso están los buenos amigos. El error está en creer que el compartir nuestras luchas les quita energía a los demás. Pero compartir es sólo hablar y pedir apoyo. No es pedir un préstamo, o alguna respuesta mágica o liberación. Y con los buenos amigos, el compartir las cargas trae realmente una mayor conexión, intimidad y cercanía. La carga misma alivia el agotamiento, en vez de aumentarlo.

¿Quién está en nuestro discado rápido? Por cierto, aquellos que nos necesitan: nuestros hijos, nuestro esposo o esposa, nuestro trabajo. Agreguemos también las personas que necesitamos. La vida es más real cuando hemos hablado de ella.

7

Lo que más importa

En las grandes amistades, los valores tienen importancia.

Un buen amigo mío había sufrido una difícil relación con un socio comercial y había sido maltratado. De hecho, el ex socio le estafó una gran suma de dinero. Fue algo que le costó muy caro, pero sobre todas las cosas, se quebrantó su confianza en la relación.

Cuando hablamos acerca de ello, me sorprendió su respuesta. Tenía la oportunidad de desquitarse financieramente y estaba tomando algunas medidas para perjudicar a su ex socio mediante una serie de movimientos estratégicos. El motivo era simplemente vengarse.

Le pregunté cómo concordaba esto con sus creencias y me dijo: "Por lo que me hizo, me siento justificado." Insistí y él se mostró evasivo: "Lo justo es justo." No podía presionarlo a tener una conversación significativa. Era evidente que su herida y su enojo estaban controlando las cosas. Pero luego me di cuenta de que era más que eso: era un valor que tenía dentro de él. Tuvimos varias conversaciones al respecto y siempre dieron el mismo resultado. Traté de sentir empatía con su dolor y ayudarlo para que superara el enojo y dejara todo atrás. Le hablé de cómo esto no funcionaría a la larga y que no era una postura sana la que quería adoptar. Le pedí que buscara otras opiniones e incluso terapia. Pero no quería escuchar mi perspectiva. Iba más allá de una reacción emocional. Genuinamente, él le otorgaba un valor más alto a desquitarse que a seguir adelante. Luego comencé a notar este patrón de conducta en sus otras relaciones. Se aferraba a cosas contra la gente de manera malsana en vez de perdonar y dejarlas ir cuando fuera necesario hacerlo.

Sin embargo, después de eso, cambió algo la dirección de nuestra amistad. Yo verdaderamente lo apreciaba, teníamos mucho en común y siempre disfruté de nuestra amistad. Pero no podía acercarme a él como quería. Me preguntaba si también buscaría vengarse de mí si algún día yo lo decepcionaba. Tristemente, me distancié de él. No es que pensara que yo era una mejor persona que él; más bien, me di cuenta de que no me era posible tener una conexión profunda con él. Hasta el día de hoy seguimos siendo amigos y pasamos tiempo juntos. Pero ya no somos mejores amigos. Para mí, los valores similares son demasiado importantes cuando se trata de un mejor amigo.

Por qué importan los valores

La palabra *valor* no es demasiado apasionante. No evoca profundos sentimientos de pasión, alegría o intimidad. No nos pone en un estado de éxtasis. Pero tampoco lo hace el bloque de cemento en la base de una casa, y no por eso deseamos prescindir de él. Los valores son simplemente algo fundamental para la vida y las relaciones y tenemos que pensar seriamente en ellos. Nuestros propios valores van a ayudar a determinar la dirección de nuestra vida, hacia la alegría o hacia la adversidad. Y también ayudan a determinar la calidad de nuestras amistades.

Los valores son simplemente representaciones de lo que es más importante para nosotros: las cosas que más nos importan. Esas cosas de menor importancia podrían ser opiniones o preferencias, pero no son valores.

Los valores principales

Los valores principales son esas verdades generales que guían todas las áreas de nuestra vida. Unos pocos valores principales son más útiles que un gran número de ellos. Si tenemos demasiados, podemos distraernos tratando de descubrir de manera obsesiva cuáles son los más relevantes. Recuerden que Dios nos dio diez mandamientos y luego los resumió en dos: amen a Dios y ámense los unos a los otros (Mateo 22.35-40). Unos pocos valores principales pueden incluir:

- *El amor:* hacer que las relaciones y conexiones sean una parte primordial de mi vida
- *La responsabilidad:* tomar posesión de mi vida y mi camino
- *La libertad:* tomar mis propias decisiones y apoyar las libres elecciones de los demás
- *El perdón:* darlo y recibirlo debido a las imperfecciones de la vida

Los valores principales son también fundamentales para nuestras amistades más profundas. ¿Pueden imaginarse invirtiendo horas en alguien que le da poco valor a la libertad y desea controlar nuestro tiempo? ¿O en alguien que realmente no desea una relación? ¿O en alguien que no se hace cargo de su vida o su efecto en nosotros? ¿O en alguien que lleva nota de cada vez que los hemos defraudado y nos lo recuerdan constantemente? Tarde o temprano, algo dejaría de funcionar, como en el ejemplo de mi amigo. Su valor por el perdón era bajo, mientras que para mí era algo que no se puede negociar. Y esto nos separó.

Los valores de contexto

Los valores de contexto son diferentes de los valores principales. Son nuestra serie de creencias sobre cómo conducir algunas áreas específicas de la vida. Por ejemplo, podemos establecer una serie de valores para nuestras finanzas, nuestra familia, nuestra empresa, nuestras políticas, nuestra carrera, nuestra salud o nuestras opiniones políticas. Todos necesitamos pensar en qué es importante para nosotros y qué no lo es tanto.

Sin embargo, los mejores amigos pueden tener más diferencias en sus valores de contexto que en sus valores principales. Las diferencias en los valores de contexto promueven debates, pensamientos, crecimiento y humildad, mientras que los valores principales son el cemento de la conexión misma. Yo he tenido muchas discusiones difíciles y vigorosas entre mis mejores amigos sobre asuntos de valores de contexto, y esas conversaciones me han ayudado a crecer, a solidificar algunas creencias y a cambiar otras. Si no tenemos algunas diferencias significativas en los valores de contexto en nuestros círculos más cercanos, tendríamos que pensar por qué. Tal vez nos estemos estancando. Tal vez haya llegado el momento de averiguar si nuestros amigos han sido demasiado amables o si tenemos en realidad un sistema de relaciones estrecho de miras.

Por ejemplo, mi esposa y yo tenemos buenos amigos que tienen toda clase de opiniones sobre cuál es la mejor escuela para sus hijos: pública, privada, cristiana o educación en el hogar. Cuando estábamos determinando lo que deseábamos hacer con nuestros hijos, llevamos a cabo nuestra propia investigación y hablamos con mucha gente. Y hemos tenido muchas charlas productivas con gente que arribó a diferentes respuestas para sí.

También tengo amigos que viven en el gimnasio y que están en excelente forma con poca grasa corporal y dietas estrictas y tengo amigos que no se preocupan por esas cosas y cuya pasión más ardiente es comerse una perfecta hamburguesa con tocino. Y a mí me encantan las conversaciones durante la cena con mis amigos políticamente conservadores y liberales.

A pesar de que nuestros valores principales no tendrían que ser negociables, tendríamos que tener buenos amigos que no comparten todos nuestros valores de contexto. Es bueno tener una variedad de amigos que pueden ayudar a formarnos.

Los valores de Dios

Si ustedes son cristianos, espero que tengan amigos íntimos que no sean cristianos. La mentalidad de "corrillo santo", donde sólo les abrimos nuestra vida a personas de nuestra fe, no funciona. La gente se siente juzgada y "menos que" si los mantenemos a distancia debido a sus valores espirituales. Y hay mucha gente maravillosa que no comparte la fe cristiana, pero que, sin embargo, es cálida y cariñosa y que tiene una excelente carácter. Cada uno de nosotros se puede beneficiar de la conexión y descubrir que tenemos mucho que ofrecerle a la otra persona.

Sin embargo, a la misma vez, si no podemos compartir lo más profundo de nosotros con los demás, nuestro núcleo espiritual, eso impone una especie de límite intrínseco al nivel de nuestra intimidad. Esto no tiene nada que ver con que una persona sea mejor o peor que otra; sólo indica la naturaleza de cómo funcionan las relaciones. Por esa razón, pienso que ayuda asegurarnos de estar profundamente conectados con cristianos que sean seguros y que deseen crecer con nosotros.

Si no han podido encontrar buenos amigos cristianos, averigüen por qué. Algunos cristianos fueron heridos por otros cristianos y luego se han sentido intimidados con las personas de la fe. Han experimentado juicio y condena de parte de cristianos, y sin embargo han encontrado aceptación y calidez de gente que no era cristiana. Si ese es el caso, tienen que encontrar una iglesia en donde haya amor y aceptación y, a la misma vez, donde haya verdad y honestidad. Tendrán que sanarse de lo pasado y asumir algunos riesgos. Hay mucha gente que comparte sus valores cristianos y que están también buscando relaciones íntegras y saludables.

UNA EVALUACIÓN DE LOS VALORES DE LOS MEJORES AMIGOS

Tal vez sea algo nuevo para nosotros y nuestros mejores amigos llegar a entender cuáles son nuestros valores principales. El hacer preguntas tales como: "¿Estoy viviendo estos valores principales?" y "¿Cuáles piensas que son los tuyos?" podría ser tal vez una estructura útil para ambos. A menudo reconocemos que creemos cosas cuando vemos los valores expresados: "Nunca desearía hacerte sentir culpable por no poder estar conmigo cuando estás muy ocupado" es una afirmación del valor de la libertad, por ejemplo.

Si ustedes y su mejor amigo descubren vastas diferencias en sus valores principales, es probable que estén teniendo alguna clase de conflicto en la relación en este momento. Es útil hablar sobre las diferencias y tratar de superarlas, si fuera posible.

Además, saquen el tema de los valores de contexto en las áreas que ya hemos mencionado anteriormente. Pregunten: ¿En cuanto a estos valores, dónde estamos ubicados?" Sería especialmente útil ver si ambos pueden permanecer conectados, aun cuando haya importantes diferencias de valores.

Recientemente, estaba conversando con un amigo sobre sus opiniones políticas. Yo difería con él en cuanto a una de sus posturas, y él dijo: "Bueno, entonces tendremos que ir cada uno por su camino." Yo le pregunté: "¿Estás bromeando? ¿A causa de esto?" Me sorprendió que estuviera dispuesto a ponerle fin a la amistad allí mismo en este instante. Después que lo cuestioné, él lo pensó mejor y cambió de idea. Pero es un buen ejemplo de cuán fácil es confundir nuestra pasión con nuestra conexión, y nuestros valores principales con nuestros valores de contexto, y por qué es tan importante identificar a ambos.

Mantengámonos separados de nuestros amigos en lo relacionado a nuestros valores de contexto. Y permanezcamos profundamente conectados con el corazón en nuestros valores principales. En los momentos difíciles, nuestros valores tienen que ser la luz que nos muestra el camino. Y en los momentos de felicidad, ellos van a acelerar el proceso de nuestro crecimiento.

8

Permiso para hablar la verdad

¿Cuán honestos son sus mejores amigos? ¿Hay lugares donde ustedes sienten la libertad de ser honestos, o en los que tienen que caminar con extremo cuidado? Piensen en cuáles fueron las experiencias de crecimiento más importantes de su vida, por ejemplo, cuando se comenzaron a comprender a un nivel más profundo o cuando percibieron algo nuevo en su vida, carrera o relaciones. ¿Cuántas de estas cosas fueron influenciadas por la honestidad de alguien? En mi experiencia, la honestidad de los demás es algo crítico para mi crecimiento.

Todos tenemos la necesidad de poder decir la verdad. Está dentro de nosotros y tiene que salir a la luz y ser expresada. Simplemente, fuimos creados de esa manera. La Biblia afirma que cuando decimos la verdad de corazón, habitaremos en el santuario de Dios (Salmo 15.1-2).

Mientras que la honestidad es a menudo uno de los valores importantes de la amistad, es también un hábito y una práctica en nuestra vida diaria. El ser honestos nos mantiene la mente despejada, nos ayuda a resolver problemas y nos ayuda a establecer nuestra propia identidad, responsabilidades y poder. Cuando no podemos ser honestos, nos deterioramos relacional, física, emocional y espiritualmente. Como lo dice el Proverbio 10.18: "El de labios mentirosos disimula su odio, y el que propaga calumnias es un necio." En los libros que Henry Cloud y yo escribimos sobre los límites, el aspecto principal es que la honestidad es sencillamente parte de la justicia de Dios y una pieza esencial de toda buena relación. La honestidad es crítica para nuestro éxito, vida y crecimiento.

Las dos clases de verdad

En las mejores amistades, hay dos tipos de dinámica de honestidad. La primera es ser honestos *sobre nosotros mismos*. Esto puede ser sobre un valor o preferencia: somos conservadores o liberales o algo entremedio. Nos gustan ciertos deportes. Preferimos reuniones pequeñas en vez de grandes multitudes. Estas son algunas de las maneras en que la gente se llega a conocer.

Le podemos decir a un amigo que no nos gusta nuestro trabajo o que somos infelices en una relación. Esa es otra manera de ser honestos sobre nosotros mismos. Podemos decir que no estamos satisfechos con la dirección de nuestra vida o que últimamente hemos estado cuestionando a Dios y sus caminos. En vez de darle un sesgo positivo a todas las cosas debido a nuestra propia ansiedad, vamos a ser honestos con respecto a nosotros mismos. Esto ayuda a que la otra persona confíe en nosotros y se sienta más cómoda que estando con alguien que tiene ventajas y definición personal.

La otra clase de honestidad relacional es más difícil que la primera: ser honesto acerca de la otra persona. Es más difícil debido al riesgo involucrado, pero es también extremadamente valiosa. Las amistades íntimas requieren esta clase de honestidad para que ambas personas sean lo mejor posible. ¿Quién más nos va decir que tenemos espinaca metida entre los dientes? ¿O que el tipo con el que estamos saliendo es un canalla? ¿O que a veces damos la impresión de estar completamente absortos en nosotros mismos? Tenemos que tener esta clase de información. Su valor puede ir desde lo útil a lo vital. ¿No desean acaso que la gente más segura de su vida sea quien la comunica, en vez de enterarse a través de alguien que los juzgaría?

Un miembro de mi personal es la "jueza de mi guardarropa mediático". Ella tiene muy buen gusto, mucho mejor que el mío, y cuando me estoy preparando para dar una conferencia o grabar un video, ella no vacila en decirme: "Te ves horrible en eso; no lo uses." Yo aprecio su honestidad. ¿Cómo puede herir mis sentimientos cuando me está ayudando a lucir mejor?

La gracia antes que la verdad

Para la mayoría de nosotros, la honestidad no es siempre fácil en nuestras buenas amistades. A pesar de que el apego enfatiza la intimidad y proximidad, la honestidad puede sacar a relucir el miedo a los sentimientos heridos, conflictos y alienación. Si alguien nos dice la "verdad sin gracia", aun cuando estén en lo cierto, el resultado es que nos sentimos condenados o juzgados. De modo que evitamos la gente que sea duramente honesta y evitamos el riesgo de serlo nosotros con los demás.

Pero ese no tiene que ser el caso. Dos personas que realmente sienten afecto mutuo pueden realmente dar y recibir la verdad y aun así sentirse cerca y brindarse respaldo. Requiere un cierto esfuerzo, práctica y valentía, pero vale la pena hacerlo.

Siempre recuerden que a pesar de que la gracia y la verdad vienen juntas, la gracia antecede a la verdad. La veracidad requiere que fortalezcamos el patrimonio relacional en nuestra amistad. Es difícil tragarse la píldora cuando no tenemos el tiempo suficiente para sentir que la persona que nos la está suministrando está de nuestra parte. Yo pienso, no obstante, que la mayoría de los buenos amigos tienen cantidad suficiente de capital. He observado que la mayoría de los buenos amigos son demasiado cuidadosos entre sí y tienen demasiado temor de herir al otro o de hacer olas. Pienso que es porque no estamos acostumbrados a "decirnos la verdad" y no hemos tenido demasiadas experiencias donde eso nos ha ayudado y no ha lastimado la relación. Tratemos de sacar ventaja de todas las experiencias y palabras positivas y afirmativas entre nosotros. Probablemente haya más benevolencia de lo que pensamos.

Reflexionemos en la proporción entre la gracia y la verdad en nuestras mejores amistades. Por lo general, la gente que se inclina más al apego que a la honestidad va a tener más amistades que los que hacen lo contrario. Es difícil encariñarnos con una persona realmente honesta que no sepa conectarse bien, aun cuando sepamos que nos beneficiaría.

Pensemos en un show de TV como *American Idol.* Simon Cowell era uno de los factores más importantes en el increíble éxito del programa. No endulzaba la píldora. Y era el que, a veces con maldad y crueldad, decía las cosas tal como eran. Aun así, ¡no lo contemplamos generalmente como la primera persona a quién acudiríamos si necesitáramos a alguien que entendiera nuestra vida interior!

En comparación, los otros jueces han sido criticados por ser demasiado blandos —"Tú lo puedes hacer mejor, yo sé que puedes hacerlo; sólo cree en ti mismo, encuentra tu centro y deseo verte aquí de regreso"— con algunas personas que en realidad no tendrían que haber estado allí para empezar. Ellen DeGeneres supuestamente renunció porque se sentía incómoda dando opiniones negativas cuando deseaba ser más reconfortante. Piensen en toda esa información útil aunque difícil que esos jueces retuvieron y que los concursantes no pudieron aprovechar. Así que pensando en los extremos de *American Idol*, mantengamos la gracia más la verdad, pero debe dominar la gracias.

Cómo confrontar de la manera correcta

Cuando surge la verdad, a veces encontramos detonantes y resistencias en nuestras amistades. Algunas personas, a causa de heridas del pasado o sus propios problemas de carácter, equiparan la verdad con la condena y no ven ninguna diferencia entre ellas. De modo que cuando somos positivos, ellos permanecen conectados. Cuando mencionamos algo honesto, se sienten perseguidos y atacados. No hay término medio. Si este es un problema menor, los mejores amigos pueden hablar de él, lidiar con él y superarlo. Si se trata de algo importante, y no hay manera de que nuestro mejor amigo pueda escuchar la verdad a ningún nivel no importa cuán afectuosos seamos, tal vez queramos evaluar si este es un verdadero mejor amigo o no. Es posible que haya simplemente un límite de verdad que la relación puede barajar. Por otro lado, si tienen una buena amistad con alguien, tal vez los sorprenda con lo bien que maneja la verdad que ustedes le han ofrecido cuando está envuelta en la gracia.

Yo estaba almorzando con un pocos amigos para ponernos al día. En los meses previos a nuestro encuentro, Paul había dejado de contactarse con el resto de nosotros. Había desaparecido por un tiempo. No lo habíamos visto y nos resultaba difícil conciliar nuestros horarios con el de él para reunirnos.

Durante el almuerzo, Keith mencionó la ausencia de Paul y le preguntó qué era lo que estaba ocurriendo. La respuesta de Paul fue que su negocio había cambiado drásticamente con la desaceleración económica y que no había estado disponible. Keith cuestionó eso y dijo: "Te entiendo, pero tú ni siquiera has respondido mis llamadas telefónicas."

Las cosas se pusieron algo tensas y Paul respondió: "En realidad, si tengo que admitirlo, tú tienes razón. No he respondido a tus llamadas telefónicas porque tú eres un poco empecinado y pensé que me obligarías a reunirme contigo cuando yo no tenía tiempo para hacerlo. De modo que te eludí."

A ese punto, yo intervine y dije: "Paul, tienes razón: Keith es a veces un poco testarudo. Pero tú lo conoces bien, como todos nosotros. Durante años, tú has sabido que Keith estaba de tu parte y no en tu contra. Me gustaría que le echaras una mirada a la razón por la que no deseabas llamar a Keith para simplemente decirle que estabas enfrascado en el trabajo y que no estarías disponible por un tiempo."

Keith dijo: "Yo me pongo un poco avasallador, y pido perdón por ello. Pero si me hubieras dicho que estabas inundado de trabajo, lo habría respetado. No sabía qué era lo que te estaba ocurriendo cuando no podía comunicarme contigo."

Paul puso cara de pensativo antes de decir: "Tienes razón. Sólo me preocupé algo y no confié en que tú estabas de mi lado. No lo voy a volver a hacer." Durante unas pocas horas después del almuerzo, yo estaba preocupado de que Paul había sido alienado por la conversación. Sentí un profundo alivio cuando recibí un correo electrónico de él esa tarde agradeciéndome por el rato que habíamos pasado juntos y por la honestidad y me pedía que programáramos otro momento para reunirnos y ponernos al corriente. Pero Paul es esa clase de persona. Él valora la amistad, él valora la verdad y él valora la oportunidad de crecer.

Por cierto, ese no fue un almuerzo normal de hombres de empresarios, y la mayoría de mis almuerzos no son así. Pero nosotros somos amigos muy íntimos y fue un encuentro útil y poderoso. A nuestra manera, Keith y yo lo empujamos a Paul a crecer en el área del manejo de los conflictos. Fue incómodo. Pero si la comodidad es el único valor en la amistad, bien valdría hacernos amigos de un sofá de cuero y terminar con la gente. Los mejores amigos son completamente honestos entre sí y se empujan a crecer.

Una de las cosas más significativas que podemos hacer con nuestros mejores amigos es ver su potencial y ayudarlos a alcanzarlo. Tal vez notemos algún punto ciego que está obstaculizando su vida. O tal vez notemos que ellos no perciben algo maravilloso de lo que son capaces. ¡Seamos parte del proceso y ayudémoslos a ser personas nuevas! Eso es lo que enseña el Nuevo Testamento como una de las razones centrales por las que tenemos que estar los unos con los otros y conectarnos mutuamente. "Por su acción todo el cuerpo crece y se edifica en amor, sostenido y ajustado por todos los ligamentos, según la actividad propia de cada miembro" (Efesios 4.16).

LAS DOS CLASES DE CRECIMIENTO

Cuando desafiemos a nuestros mejores amigos para que se conviertan en mejores personas, es importante que sepamos que el crecimiento tiene dos aspectos diferentes. Primero es "lo bueno a magnífico" como lo denomina el gurú empresarial Jim Collins. Lo bueno a magnífico se refiere a esas capacidades y potenciales que tenemos que no han sido aún concretados. Una capacidad, un sueño, una pasión o una posibilidad que se ha quedado en el nivel de "OK", pero que podría avanzar al nivel de "fantástico". Por ejemplo, un individuo que tiene talento para la música, pero que no lo ha desarrollado. O alguien que tiene ideas para iniciar un negocio por Internet, pero no le ha dedicado ningún esfuerzo estructurado. O una persona que se conecta profundamente con la gente y, sin embargo, no ha pensado en usar esa habilidad en el contexto de algún ministerio.

Piensen ahora mismo en esa amiga íntima y les aseguro que verán algún potencial específico que ella no ve. Es parte de la condición humana. Tal vez le hayan dicho: "¿Pensaste alguna vez en escribir un blog sobre eso?", antes de que la conversación se desviara rápidamente a otra cosa.

Sean más intencionados. No dejen que ella cambie el tema con: "No soy muy buena. Así que, ¿cómo están los niños?" Empújenla a hablar un poco sobre sus ansiedades e inseguridades. Esto no significa que tratemos de controlarla o que seamos unos pesados, pero háganle saber que es importante. ¿Qué si, un año después de esa conversación, ella publica algo y le pagan por escribir? Se sentirían muy satisfechos por su contribución.

El otro aspecto del crecimiento es "roto a bueno", refiriéndose al proceso de sanarse. No tenemos potenciales no alcanzados, sino que también tenemos antecedentes, problemas, heridas y lesiones. Pueden ser cicatrices emocionales o relacionales del pasado, donde las experiencias nocivas cambiaron nuestra manera de ver la vida.

Cuando alguien tiene una herida, el tiempo solo no la sana. El tiempo, en sí, no lo sana todo; aunque el tiempo más una relación más la verdad puede curarlo casi todo. Pero tenemos la tendencia a ignorar las heridas o a tratar de vivir alrededor o por encima de ellas. Requiere trabajo, esfuerzo y contrariedad sanar los asuntos de pérdida de confianza, miedos a la intimidad, mensajes de culpa, adicciones y demás.

Aquí es donde ingresan los mejores amigos. Seamos agentes de sanación: digámosles a nuestros amigos que deseamos que tengan una mejor vida y que valoramos eso lo suficiente como para convertirlo en un tema de conversación. Decirle a un buen amigo: "Deseo que veas a un terapeuta para que te puede ayudar con esto" es una de las cosas más edificantes que podemos hacer. Nosotros no podemos curarlo: sólo Dios, el amigo de ustedes y su consejero pueden hacerlo. Pero ustedes pueden ser quienes hagan que eso sea algo que la persona puede considerar como una verdadera opción válida.

Mi esposa y yo estábamos cenando con una pareja vecina con la que estamos muy conectados. Pero cuando las mujeres se unieron por unos minutos en una parte de la casa, y los hombres hicimos lo mismo, el esposo me mencionó algunos problemas significativos que estaban teniendo. Sentí mucha compasión por ambos pero sabía que una simple conversación nocturna no arreglaría las áreas con las que estaban lidiando. De modo que lo alenté a buscar un terapeuta matrimonial y le sugerí a alguien que yo sabía que haría un buen trabajo.

Dos semanas después, mi vecino me dijo que habían pedido hora y que sentía esperanza por primera vez. Mi punto es que todos somos disfuncionales a un cierto nivel, y todos necesitamos ayuda. Seamos el amigo que va más allá de la empatía, seamos honestos y ayudemos a que nuestros amigos obtengan la curación que necesitan.

El talento de presionar

A menos que estemos haciendo una intervención, tengamos cuidado de no ser extremadamente directos con nuestro amigo cuando está en medio de una crisis. Pero tampoco dejemos pasar algo que podría ser importante para su crecimiento. Cuando deseemos poner presión, tenemos que ser abiertos. Pidámosle a nuestro amigo que nos ayude a alcanzar nuestro máximo potencial y a ser la persona más saludable posible. Esto le permitirá escucharlo a ustedes también cuando le llegue el turno de hacerlo. Digan: "Una de las cosas que deseo en la vida es tener una buena vida y alcanzar mi potencial. ¿Me señalarías las áreas que ves en mí donde no estoy creciendo, aun cuando tendría que hacerlo?" Quizás la respuesta inmediata sea: "Bueno, cuando dijiste eso, pensé en tu talento con las matemáticas y que pienso que tienes un gran potencial en esa área."

Estemos preparados para que nos eludan y eviten. Tendemos a evitar los asuntos difíciles para no sentirnos incómodos. Regresemos tranquilamente al tema difícil. Podríamos decir, por ejemplo: "Sé que te resulta muy difícil hablar sobre los problemas que tiene tu hijo en la escuela. Es doloroso. Pero si te parece bien, me gustaría conversar sobre ello. Tal vez podamos encontrar una solución. Al menos, sabrás que tienes un amigo que se preocupa por ti."

Hagamos que los problemas de crecimiento formen parte de varias conversaciones a lo largo del tiempo, en vez de ser una sola conversación. Decir: "Uf, tuve una difícil conversación con ella sobre el tema de que es soltera y no tiene novio", es un buen paso. Pero la mayoría de los temas del crecimiento requieren que los revisemos regularmente. Tengamos una visión a largo plazo y hagamos que nuestra relación sea un lugar seguro donde continuamente monitorear el crecimiento y los cambios.

En nuestras amistades, todos necesitamos que nos den pequeños codazos. No los evitemos; hagamos que sean una parte normal de nuestra conexión. Si somos constantemente honestos con los demás en cada aspecto de nuestra amistad, esos pequeños codazos pueden convertirse en una parte natural y normal de ella.

Cómo crear un ambiente honesto

La mayoría de los mejores amigos desean tener permiso para hablar con toda libertad en general, no sólo cuando se necesita una insinuación. Aquí les doy algunas recomendaciones para empezar.

Primero, den el ejemplo siendo honestos sobre ustedes mismos, de modo que ambos sepan que puede salir a la luz la verdad sin que nadie salga lastimado. Saquen a relucir sus propias realidades. En vez de siempre tener que estar de acuerdo en todo, mencionen creencias que ustedes tienen, preferencias que les resultan importantes, junto con lo que les gusta y lo que no les gusta. A veces tenemos la culpa de ir en búsqueda de cosas en común para que todos se sientan cómodos: a ambos nos gustan los deportes, estamos ambos interesados en las artes abstractas, ambos tenemos una familia, ambos respiramos oxígeno. Esto puede llegar a convertirse en una experiencia insubstancial. El ser honestos en cuanto a nosotros mismos le dará libertad a nuestro mejor amigo para definirse a sí mismo también.

Estas preguntas los ayudarán a lograr que la honestidad se convierta en una parte positiva de su amistad y les ayudará a obtener una mayor claridad y libertad.

- ¿Cómo calificamos nuestra relación en cuanto a la honestidad sobre nosotros mismos: nuestros valores, creencias y preferencias?

- ¿Cuán honestos somos el uno con el otro? Si consideramos que algo es importante, ¿nos parece bien mencionarlo aunque suscite una confrontación entre nosotros? Si no es así, ¿por qué no?

- ¿Qué podemos hacer para estar conectados y aun así decir la verdad? Estas son algunas ideas:

- Me preocupa que esto pueda lastimarte y no deseo hacerlo. ¿Podemos conversar para ver si esta es sólo una idea en mi mente o si es la realidad?

- Deseo que sepas que tus opiniones son vitales para mí. Si alguna vez percibes que estoy haciendo algo que es un problema para ti, o un problema en mi vida, deseo que me lo digas. Tienes todo mi permiso para hacerlo.

- ¿Qué ocurriría si, en cada una de nuestras conversaciones significativas, nos comprometiéramos a asegurarnos de que algo honesto salga a la luz? Es mejor hacer que la verdad sea una parte integrada de la relación que tener un apego superficial interrumpido por una sesión de verdades.

Van a descubrir que después de un comienzo algo incómodo, la honestidad va a realmente acrecentar la conexión. Las cosas mejoran. Recuerden que la honestidad simplemente les permite a las personas relacionarse con ustedes. Cuanto más nos "conozcan", tanto más podemos crecer y cambiar. Ese mayor acceso, nos coloca en un lugar donde podemos ser transformados por las acciones de Dios.

9

No se necesita ninguna explicación

Seguramente ya lo saben, pero todos tenemos un lado oscuro. Puede aparecer en varias áreas de la vida. Puede ser de menor importancia, pero podría ser mayor. Todos tenemos aspectos de nosotros mismos que no nos parecen muy adorables o positivos. La mayoría de las veces, no nos gusta mirarlos o estar conscientes de ellos. Cuando lo hacemos, desearíamos que no existieran, ¿y quién nos puede culpar por ello?

Nuestro lado oscuro puede ser algún error que hayamos cometido en el pasado que deseamos olvidar. O tal vez sea una costumbre que no podemos abandonar pero que nos llena de vergüenza. Tal vez tengamos una manera de relacionarnos en la que permitimos que nuestros miedos no nos dejen hablar o tal vez tengamos una en la que nuestra lengua nos mete en problemas y alienamos a la gente. Sea cual sea su naturaleza, nuestro lado oscuro tiende a confundirnos y perseguirnos. El apóstol Pablo conoce bastante bien esta sensación: "No entiendo lo que me pasa, pues no hago lo que quiero, sino lo que aborrezco" (Romanos 7.15). Esa es la realidad de la condición humana. Tenemos imperfecciones, somos pecadores y nuestra fuerza de voluntad no puede borrar esas imperfecciones.

Además de nuestro lado oscuro, tenemos un juez dentro de nosotros que toma los errores que cometemos y crea un proceso judicial de la situación. Lo usa como una oportunidad para condenarnos y llenarnos de culpa. ¿Quién no conoce esa charla interior que dice: "Soy un perdedor" o "Nunca voy a lograrlo", o incluso "No me tolero"? El aguijón de las palabras del juez puede inducirnos a vivir asustados.

Esos son los momentos en que más necesitamos a nuestros mejores amigos, quienes nos conocen y nos aceptan completamente. Es aquí donde relucen los mejores amigos. Si hay algo que los mejores amigos pueden hacer que es maravilloso, asombroso y lo que menos esperamos, es que nos aceptan como somos, dejando la vergüenza y la culpa fuera. Con su compasión, neutralizan el aguijón de ese juez interior. Cuando nuestros amigos no tienen ilusiones de nosotros, conocen nuestros defectos y permanecen, a pesar de todo, a nuestro lado, verdaderamente vamos a saber cómo se siente ser aceptado al más profundo nivel. Cuando nos aceptan tal como somos, tenemos verdaderamente el poder de triunfar y crecer en la vida. Con nuestros mejores amigos, podemos estar bien el uno con el otro aunque no estemos bien.

Idealmente, nuestros mejores amigos conocen todos nuestros defectos y nuestras heridas. Cuanto más conozcan nuestro verdadero yo a un nivel profundo, tanto más íntegros seremos. Esto es mejor que cuando una persona sólo conoce nuestro pasado; otra, nuestro matrimonio y otra, nuestros problemas laborales, por ejemplo. Fuimos creados para ser íntegros, y llegar a ser íntegros, en las relaciones. Quizás no tengamos el tiempo y el ancho de banda para contarnos todos los detalles de cada evento, pero no es necesario. Por lo general, es suficiente que sepan los temas y las imágenes generales de nuestra realidad, y aun así, seguir amándonos.

Si la conexión es la capacidad de llenarnos mutuamente el tanque con gracia y amor, la aceptación es el talento de poner aditivos de limpieza en la gasolina, por así decirlo. Neutralizan la suciedad que se ha acumulado en el tanque. En nuestras amistades, necesitamos ambos talentos.

Cómo detener la oscuridad

El tener amigos que nos aceptan profundamente nos ayuda más allá del hecho de ser aceptados por los demás y luego por nosotros mismos. Cuando nuestras relaciones más profundas nos conocen y nos aceptan de todas maneras, tenemos ahora la libertad de lidiar con nuestras debilidades como un problema, más que como una condena. Cuando no estamos eludiendo los aguijones del juez, podemos detener la oscuridad. Cuando no somos aceptados, lo más probable es que simplemente evitemos el juicio en vez de ahondar en el problema.

Por ejemplo, cuando trabajo con alguien que está luchando con una adicción sexual, tenemos que superar la etapa de la vergüenza. Por lo general, esto es algo tan intenso que la persona apenas puede tolerar hablar sobre ello, entender sus raíces o encararlo. Los adictos sexuales tienen la tendencia de "arreglarlo todo" de manera prematura. Someten su vida a Dios, se comprometen con una iglesia o grupo pequeño y prometen no volver a actuar jamás de esa manera.

Esto trae un alivio pasajero, algo así como la experiencia de "es un nuevo día". Pero esto casi nunca perdura, porque no se ha resuelto el problema. La persona se ha simplemente deshecho de la vergüenza. Hasta el próximo episodio, en el que se sentirá desalentado y sin esperanza.

Hasta que no se sienta aceptado por mí como su psicólogo, además de unos pocos mejores amigos que lo aceptan y aman y no admiten la vergüenza, él no podrá verdaderamente comprender que no tiene un problema sexual, sino un problema de contexto sexual. El pecado y el mal comportamiento sexual son síntomas de un problema más profundo. A menudo, los problemas sexuales están motivados por soledad, impotencia y dolor, por ejemplo. Una vez que la persona se siente aceptada, puede observar el lado oscuro bajo un microscopio. Entonces observa cómo se ha relacionado en el pasado, cuáles son sus dinámicas familiares, cómo resuelve problemas y cómo percibe la vida. Su mal comportamiento proviene de alguna herida, o problema relacional, o problema de carácter o aislamiento o sensación de impotencia, para nombrar algunas causas. Cuando podemos identificar las causas, la persona puede ponerse a trabajar para resolver los problemas más profundos. He visto que mucha gente se libera gracias a este proceso.

Ese es el poder de la aceptación de un amigo. Abre la puerta para liberarnos de los problemas que nos acosan. Como lo dice Santiago: "Confiésense unos a otros sus pecados, y oren unos por otros, para que sean sanados (Santiago 5.16).

Si la aceptación no fuera importante, y si tan sólo pudiéramos poner un mayor esfuerzo en cambiar nuestra manera de ser, no necesitaríamos la gracia, o un Salvador, o un proceso de redención. Nuestros mejores amigos son una parte integral de ese procedimiento. Con regularidad, yo les digo a mis clientes que la tasa de curación se va a acelerar muchísimo al tener grandes amigos que respalden la labor que estamos llevando a cabo. Sus relaciones se convierten en un lugar a donde ellos pueden llevar las heridas y los problemas con los que están lidiando.

Expongamos nuestro lado oscuro y dejemos que nuestros mejores amigos nos ayuden a transitar por él, y estemos nosotros allí para acompañar a nuestros mejores amigos cuando ellos están transitando por ellos. Tal vez haya ocasiones en que un buen amigo no reconoce su lado oscuro, lo cual es una posibilidad desafortunada. Hagamos todo lo posible para mostrarle que está a salvo, pero que sus opciones lo están llevando por un sendero de destrucción y que ustedes desean ayudarlo a hacer lo correcto.

Lo real

A veces recurrimos a nuestra mejor amiga para que reduzca nuestra vergüenza y autoacusación librándonos de toda culpa. O sea, deseamos que ella nos muestre que nuestro error fue causado por otra persona o que todo fue un malentendido. Aunque podríamos encontrar algún alivio, esto no nos va a verdaderamente ayudar. La enfermedad del lado oscuro seguirá presente. El acto de rotular nuestros errores como un accidente no altera su naturaleza, y hace que seamos incapaces de cambiar o crecer como resultado de ello. Los verdaderos amigos aceptan que los errores son verdaderamente nuestros y aun así nos aman.

Por ejemplo, una amiga mía pasó por un divorcio muy penoso y caótico. Afortunadamente, ella tenía un grupo de amigos muy cálido y acogedor que la acompañaron en los momentos difíciles. Pero aunque la respaldaban y sentían compasión por los malos tratos que ella recibía de su ex marido, también trataban sus propios errores como una realidad. Cuando ella se sentía mal por tirarse en contra de él o por menospreciarlo delante de sus hijos, ellos no le decían: "Está bien, en comparación con lo que él te ha hecho a ti", o "Su conducta te obligó realmente a reaccionar de esa manera." Ellos le decían: "Sí, no tendrías que haber hecho eso, pero te amamos y te vamos a ayudar a no volverlo a hacer." La aceptaban a la vez que eran honestos en cuanto a sus acciones.

Cómo desarrollar la aceptación

La aceptación de nuestros mejores amigos es algo que podemos aprender y desarrollar. No es un hecho único; es un proceso especializado en toda relación. Estas son algunas maneras de fomentar esa parte tan importante de nuestras relaciones.

Tomemos el primer paso y hagamos un inventario personal para identificar qué problema de nuestro lado oscuro no conoce nuestro mejor amigo o lo hemos apenas mencionado sin profundizar en él. Saquémoslo a relucir y asumamos el riesgo. Esto no es sólo para nosotros; es para nuestra amistad también. Le estamos dando poder a nuestro mejor amigo para que nos rechace o nos juzgue. Pero si es nuestro mejor amigo, se va a acercar aún más, nos va a conocer mejor y, a la vez, será más honesto sobre sus propias luchas.

Les repito, cuando hemos sido heridos, vayamos más allá de las situaciones dolorosas. Revelemos nuestras malas decisiones y conductas, que es donde verdaderamente importa la aceptación.

Estas son algunas preguntas que agregan claridad y dirección a las conversaciones:

- *¿Cómo piensas que nos está yendo en cuanto a la aceptación de los defectos y errores del otro?* ¿Minimizamos las cosas negativas o tenemos la suficiente valentía para ir a los sitios donde hay oscuridad?

- *Cuando surgen las imperfecciones, ¿tiende uno de nosotros a convertirse en una figura paternal, sentenciosa o moral?* Algunas personas se ponen ansiosas o rápidamente denuncian los problemas, repitiendo cuán inapropiada es la conducta. Seguramente es muy inapropiada, pero a menudo la persona que se está confesando está tratando de acercarse a Dios y está muy consciente de lo inapropiado de su conducta. La figura moral está probablemente lidiando con ansiedad y se juzga a sí misma y lo está proyectando en la otra persona. Ayudemos a que esa persona tenga la gracia de escuchar y aceptar.

- *¿Cuál es la mejor manera de demostrar que nos aceptamos mutuamente?* Tal vez podamos ayudarnos el uno al otro diciendo cosas como "Deseo que nuestra relación siga creciendo, y voy a aceptar todo lo que digas y seas, y también necesito que tú hagas lo mismo. Yo no te condeno, pero si alguna vez sientes que lo estoy haciendo, por favor dímelo."

- Después de haber tomado un riesgo: *Yo siento que me estoy juzgando en este momento, ¿puedes decirme qué es lo que sientes tú acerca de mí?* Dejen que su amigo les asegure que está con ustedes y que todo está bien. Esto traerá una conexión más profunda.

Cuanto más practiquemos esto con nuestros mejores amigos, tanto más encontraremos que no sólo estamos resolviendo los problemas con los que estamos luchando, sino que podemos discutirlos y hablar abiertamente sobre ellos sin sentirnos tan incómodos. ¡Cuando ambos podamos bromear sobre nuestras disfunciones sabremos que estamos avanzando!

10

FAMILIA, AMIGOS Y AMIGOS DE LA FAMILIA

Supongamos que ustedes dicen: "Mi hermana es mi mejor amiga." Eso es algo maravilloso, y tendrían que sentirse afortunados. Significa que tienen a su familia y amigos en un mismo envoltorio. Muchas personas no tienen ese lujo. Pero supongamos que dicen: "Mi hermana y mis padres y mi esposo son mi único sistema de apoyo." Yo diría que ese es un problema y que es algo que tenemos que examinar.

Yo estaba aconsejando a Rick y Jennifer, quienes estaban lidiando con problemas de intimidad y conexión. Jennifer, una contadora por profesión, veía a Rick, el dueño de una pequeña firma manufacturera, como distante e inaccesible. Por su parte, Rick la veía a Jennifer como dependiente y algo insaciable. Sentía que nada que él hiciera la ayudaba a sentirse amada y segura.

Cuando trabajo con parejas, a veces ambas personas contribuyen al problema en partes iguales y a veces una de las personas contribuye significativamente más que la otra. Al trabajar con esta pareja, vi que no estaban exactamente en el medio. Rick tenía la tendencia a abstraerse y no compartir sus sentimientos. Sin embargo, estaba consciente de ello y estaba esforzándose por abrirse más. Estaba haciendo cambios para estar más conectado, relacionarles mejor y tener más intimidad. Pero a pesar de que esos eran problemas reales, eran más delitos menores que delitos graves.

Los temas de Jennifer eran un poco más graves. Ella le amaba a Rick, pero dependía de él de una manera malsana para ambos. Cuando él deseaba salir con amigos, Jennifer se sentía rechazada. Cuando él no pasaba la mayor parte de su tiempo en casa comunicándose con ella y deseaba ir y mirar TV o leer un rato, ella se sentía sola y despreciada. No era que fuera mala o egoísta. En su corazón, Jennifer simple y verdaderamente se sentía así. Era como si la elección de Rick de estar alejado de ella, tanto dentro como fuera de la casa, era una señal de que ella realmente no le importaba.

Cuando le pregunté a Jennifer quienes eran sus amistades más íntimas, me respondió:

—Mi familia y unos pocos amigos.

Rick interrumpió diciendo:

—Eso no es verdad. Es mucho más tu familia que tus amigos. Cuando salimos, tú prefieres estar con tu familia que con nuestros amigos.

Jennifer discutió un poco ese punto antes de admitir:

—Está bien, estoy más apegada a mi familia que a mis amigos. ¿Estás diciendo acaso que eso es algo enfermizo o qué?"

Yo le contesté:

—No, no es enfermizo. Simplemente es algo que no está acabado.

—¿Qué quiere decir eso? —preguntó Jennifer.

—Significa que nuestra familia es el laboratorio donde aprendemos acerca de las amistades. En nuestra familia, descubrimos cuáles son nuestros gustos, preferencias, intereses y estilos, y eso afecta nuestras elecciones durante todo el resto de nuestra vida. Pero si nunca traemos miembros que no sean de la familia a nuestro círculo íntimo, nos perdemos algo bueno.

—Yo no pienso que me estoy perdiendo nada —dijo Jennifer—. Mi familia es muy estrecha y me respalda.

—No hay duda de ello —le respondí—. Pero hay dos problemas en lo que estás describiendo. Primero, todos necesitamos la polinización cruzada de muchas otras clases de personas para poder ser lo más sanos y desarrollados posible. Tu familia no puede darte experiencias de toda clase de música, deportes, carreras, pasatiempos, estilo de adoración o restaurantes. Tú estás limitando tu propio crecimiento y estás funcionando como un sistema cerrado y no uno abierto. Segundo, esta es la razón por la que lo estás sofocando a Rick y a tu matrimonio. Pienso que tienes miedo de su necesidad de autonomía y algo de espacio y lo interpretas como una falta de amor e interés. No están allí en absoluto. Rick no es el mejor conector del mundo y está haciendo un esfuerzo por mejorar. Pero su necesidad de espacio es para él y no en contra de ti.

Pienso que mi primer punto había sido un poco abstracto, y que Jennifer no había respondido a él. Pero cuando pensó en el segundo, sus ojos se comenzaron a llenarse de lágrimas. Le pregunté qué estaba sintiendo. Me dijo:

—Pienso que mi primer punto había sido un poco abstracto, y que Jennifer no había respondido a él. Pero cuando pensó en el segundo, sus ojos se comenzaron a llenarse de lágrimas. Le pregunté qué estaba sintiendo. Me dijo:

—Tengo miedo de estar aburriéndolo, y él se está poniendo inquieto.

Allí intervino Rick.

—No siento eso en absoluto. Estoy más enamorado de ti que nunca y no pienso irme a ninguna parte.

Eso la reconfortó algo.

Entonces le dije:

—Rick está loco por ti, ¿verdad? De modo que el problema es que tú te criaste en una familia que enfatizaba la intimidad y evitaba al mundo exterior.

Eso le desencadenó a Jennifer muchos recuerdos de su infancia, de cómo su madre solía decir cosas como: "Los amigos van y vienen, pero siempre tienes a tu familia" y "El mundo es un lugar extraño y, ¿en quién puedes confiar sino en tu familia?" La familia lo dominaba todo, incluyendo las comidas, las veladas, los fines de semana, las vacaciones y los días feriados. Desalentaban las fiestas de pijamas con sus amigas. Y si Jennifer tenía alguna vez un desacuerdo real con algo que sus padres deseaban, tal como cuando deseó ir al cine con una amiga en vez de pasar tiempo con ellos, se retraían y se mostraban heridos, como si ella los estuviera abandonando.

Nos pusimos a trabajar para lograr que Jennifer pudiera afirmar sus necesidades reales de autonomía, elecciones y opiniones propias, mientras seguía sintiéndose amada y apoyada. Esto era algo nuevo para ella, pero estaba muy entusiasmada con el proceso. Comenzó a sentirse menos insegura y atemorizada. Desafió el pensamiento de Rick y sintió más libertad de estar en desacuerdo con él. Por último, comenzó a sentir el deseo de tener algunos nuevos amigos, personas con las que podía relacionarse. No es que hubiera dejado de preocuparse por sus padres y hermanos, pero deseaba ahora más contactos externos, más frescura, más fuentes externas de energía. Y cuando comenzó a profundizar unas pocas relaciones de esta clase, Jennifer pudo finalmente decirle a Rick: "Te pido perdón por haberte hecho sentir culpable por tener intereses externos y amigos. Ahora lo entiendo."

Creados para expandirnos

Dios nos diseñó para que expandiéramos nuestros horizontes de diversas maneras. Nos creó para acrecentarnos y crecer. Esto incluye desarrollar las virtudes de nuestro carácter, establecer una identidad, encontrar nuestra misión y talentos y configurar nuestro propio sistema de apoyo social. La familia es el lugar original que le da comienzo a este proceso de crecimiento. Pero no es el último. Fuimos creados para expandirnos fuera de ella: "Por eso el hombre deja a su padre y a su madre, y se une a su mujer, y los dos se funden en un solo ser" (Génesis 2.24). La familia nos capacita y, con suerte, nos lanza al mundo. Luego encontramos gente con quien estar, con quien crecer y con quien encontrar nuestro propósito. Ese es el gran diseño. Forma una vida de conexión, confianza y el deseo de explorar y crecer emocional, personal y relacionalmente, en tarea y misión. La expansión debe continuar toda la vida, que es lo que ocurre con la gente que ha tenido esta clase de experiencia y proceso.

Desafortunadamente, algunas familias desalientan este proceso y el individuo nunca deja realmente su hogar. A veces, como en el caso de Jennifer, la familia tiene miedo de todo lo externo a la familia, de manera que desalientan la autonomía. A veces son personas dependientes y exigen a sus hijos que se ocupen de ellos emocionalmente, que sean la persona fuerte, el pegamento que mantiene unida a la familia, porque ellos están tan quebrantados. A veces incapacitan a sus hijos no dándoles herramientas para que crezcan, de modo que queden sujetos para siempre al hogar. No importa de qué manera ocurre todo esto, el proceso se interrumpe y la evolución desde la familia a los amigos no funciona bien. Si ustedes han experimentado algunas de estas cosas, busquen ayuda: un grupo de crecimiento, un mentor, un pastor, un terapeuta. Obtengan asistencia para poder finalizar la obra que les permita dejar exitosamente el hogar. Si no, van a perder gran parte del potencial y la alegría que están a nuestra disposición en la vida.

Si, como Jennifer, ustedes no necesitan amigos que no sean de la familia, consideren la posibilidad de que eso es un problema, de que podría haber un desarrollo incompleto y un potencial dentro de ustedes que requieren nuevas relaciones. Traten de encontrar esa inquietud interior que les dice: "El mundo allí fuera es muy grande y hay personas magníficas en él", en vez de: "Pero me conocen y estoy cómodo y no hay otro lugar como mi hogar."

Amen su hogar, amen a su familia, pero ustedes han sido diseñados para permitir también que personas que no forman parte de su familia ingresen en los rincones más profundos del corazón y la vida. Jennifer tenía amigos. Pero la familia estaba en el lugar más profundo y especial en su interior. Cuando permitió que otras personas ingresaran en ese espacio, la vida fue mejor. No estamos siendo desleales, no estamos abandonando a nuestra familia. Estamos trayendo más vida al interior de nuestra propia vida.

Ambos lados

Como mencioné al comienzo de este capítulo, somos afortunados si tenemos amigos íntimos que son también familia. Tenemos la ventaja de alguien que comparte todo con nosotros: atracción mutua, valores compartidos y una historia común de larga trayectoria. Puede ser una conexión maravillosa de gran alegría y significado.

Desafortunadamente, no les ocurre a muchos. A veces tiene que ver con la familia y otras veces, con el individuo. Por una parte, por ejemplo, la postura de una familia hacia la vida, el crecimiento o las relaciones puede ser tan tóxica que es imposible que la persona no se proteja y se abra con ellos. Por ejemplo, una familia puede rechazar a la persona que desea ser honesta sobre los problemas en el sistema tales como la desconexión, el control, el alcoholismo o incluso, en algunos casos graves, el abuso. Por cierto, ellos van a repudiar a la persona o, al menos, esa parte de ellos con el mensaje implícito de "No traigas esa opinión aquí." O tal vez no estén simplemente interesados en la persona como persona en sí. Recuerdo un CEO con el que trabajé cuyos padres esperaban que fuera un pastor. Él se encaminó hacia esa profesión hasta que descubrió que sentía pasión por los negocios, de modo que cambio la trayectoria de su carrera. Sus padres le dijeron: "¿Cómo se lo podemos decir a nuestros amigos en la iglesia?" Lo que querían decir era que él los había decepcionado.

Ya sea que se trate de una falta de interés o algo de un mayor rechazo, a veces tenemos que conformarnos con menos intimidad y cercanía que lo deseado originalmente. Es una triste realidad. Tal vez signifique que tenemos una cierta clase de relación, tal como una relación amistosa casual, pero tal vez tengamos que aceptar que los requisitos de un mejor amigo no están disponibles en el otro extremo.

Por otro lado, es también un problema cuando una persona se aparta de su familia y no intenta superar los problemas o reconciliarse con ellos, no brindándoles una segunda y tercera oportunidad para acercarse. Desafortunadamente, esto ocurre con demasiada frecuencia en el mundo de la consejería. El individuo se pone en contacto con cosas negativas que han sucedido en su familia y, en vez de llevar a cabo el proceso de perdonar, sanar, llorar e intentar reconciliarse, simplemente se aleja y desconecta permanentemente de su familia. Se queda estancado en una protesta contra los males cometidos en su contra. Lo he visto durante años, incluso cuando la familia trata de disculparse, cambiar y resolver las cosas. Esto es triste, ya que hay sólo un pequeño porcentaje de familiar seriamente tóxicas. En la mayoría de los casos de esta prolongada distancia, el problema es que el individuo permanece en su actitud de protesta durante demasiado tiempo y, a un nivel más profundo, no abandona el deseo de que su familia sea diferente. A menudo, culpa a su familia por todos sus fracasos y problemas presentes. En esos casos, necesita un consejero que sienta empatía por los verdaderos pecados cometidos en su contra. Que lo ayude a sanarse, perdonar, llorar y dejar atrás las cosas, como así también avanzar hacia una mayor responsabilidad por su vida y un mayor compromiso por sus propias elecciones.

Tengo un buen amigo, Sean, cuyo hijo, Jeremy, de unos treinta años es también esposo y padre. Sean cometió algunos errores como papá. Era algo distante, no estaba siempre disponible y criticaba demasiado a su hijo. Sin embargo, al ver sus errores, sintió un gran remordimiento. Tuvo varias conversaciones francas con Jeremy para pedirle perdón y enmendar las cosas. Hizo todo lo que pudo para reconciliarse con él. Básicamente, deseaba cambiar las cosas y establecer una profunda amistad entre ambos como adultos. Pero Jeremy no quiso tener nada que ver con su padre. No ha tenido una carrera exitosa y no quiere ver sus propias malas decisiones. Lo único que percibe es que Sean fue un mal padre.

Irónicamente, Sean es un logrado mentor que podría ofrecerle una excelente dirección a Jeremy y ayudarlo a cambiar las cosas, como lo ha hecho con muchas otras personas. Pero Jeremy no tiene ningún interés. Sean ha tenido que aprender a vivir con la distancia, a pesar de que le duele terriblemente. Espera y mantiene abierta la puerta para cualquier paso que Jeremy quiera tomar, a pesar de que ha tenido que ir adelante con su vida y permanecer conectado con su propio grupo de amigos. Pero es una verdadera lección práctica: si esta relación de familia pudiera convertirse en una amistad, el potencial para la conexión y el éxito sería increíble.

Ambos-y

El escenario ideal para los amigos de la familia es ambos-y: tener mejores amigos dentro y fuera de nuestra familia. No es lo uno o lo otro, como en los casos de Jennifer y Sean. Hagamos todo lo posible para ser amigos de los miembros de nuestra familia que son la clase de amigos descritos en este libro. Y como nos lo recuerda el apóstol Pablo: “Si es posible, y en cuanto dependa de ustedes, vivan en paz con todos” (Romanos 12.18). Nosotros sólo somos la mitad de la ecuación. No podemos imponérselo a los que no estén interesados. Aun así, hagamos el esfuerzo y avancemos un kilómetro extra. Pero más allá de todo eso, estemos seguros de estar conectados con gente fuera de la zona de confort de la familia. En efecto, ellos harán que nuestras relaciones de familia sean mejores y más ricas, como la salud se añade a la salud. Cuando podemos tener una magnífica cena con nuestro hermano o hermana y un par de amigos íntimos, y todos se llevan bien entre sí, esta puede ser una experiencia ideal para todos.

Conclusión: El poder de los mejores amigos

Deseo dejarlos con un desafío: estén conscientes del poder de sus mejores amigos y estén conscientes de que ese poder puede ser tanto positivo como negativo. El poder es simplemente la habilidad de hacer que algo cambie, ya sea el poder de la electricidad o de la política o de las relaciones. Por definición, nuestros mejores amigos ejercen poder con nosotros, y nosotros con ellos. Ellos son importantes. Nos importan sus opiniones. Nos importa lo que nos dicen y cómo se sienten y actúan con nosotros. No me refiero a que sea de manera dominante. Es simplemente una realidad que los que están más cerca nuestro sean los que hacen la mayor diferencia y que esa diferencia puede cambiar y mejorar nuestra vida. Ese es el poder positivo de los mejores amigos. Ellos nos pueden ayudar a ser personas más sanas, más felices y mejores de la manera en que nos responden.

Asimismo, los mejores amigos tienen un poder negativo. Desafortunadamente, los amigos íntimos pueden herirnos y lastimarnos, y a veces eso ocurre. La gente se sorprende cuando en una relación de mejores amigos, uno de ellos se convierte en una persona que critica y engaña, por ejemplo, y esto parece haber surgido de la nada. Tal vez sea que la persona no le haya dado lo mejor de sí ese día. O, si es un patrón de carácter más oscuro, tal vez haya surgido algo que no sabíamos que teníamos dentro. Sea cual fuera la causa, el poder negativo es inevitable, porque es nuestra propia vulnerabilidad la que le otorga poder a la otra persona. Le hemos dado la llave de nuestra caja fuerte. Ella conoce y tiene acceso a toda nuestra persona. Los que tienen la llave son lo que más pueden herirnos. Si no la poseyeran, el poder negativo no existiría.

Supongamos que nos hemos detenido porque la luz está roja y, por alguna razón, la persona en el automóvil junto al nuestro nos grita que somos una persona horrible. Eso tendría algún efecto. Tal vez nos preguntemos si habremos hecho una mala maniobra o si la persona está teniendo un mal día o si está loca. Pero más allá de ser un buen relato para contar esa semana, eso es todo. Pero supongamos que nuestro mejor amigo nos dice que somos una persona horrible. Eso sería un problema. Nos sentiríamos muy mal de que piense que somos horribles. Nos pondríamos a pensar qué es la realidad. Nos sentiríamos heridos interiormente que alguien a quien le hemos dado un acceso profundo a nuestra vida, piense tan mal de nosotros. Desearíamos tener varias conversaciones con él y otras personas para poder entenderlo y dejarlo atrás. Esa clase de vulnerabilidad no es mala. Es sólo la realidad de tener relaciones profundas. No podemos tener un mejor amigo sin la posibilidad de esa clase de poder negativo. Ese es el desafío.

Comencé este libro con la historia de Rachel y cómo sus mejores amigos fueron su sustento. Aun cuando no estemos en las mismas circunstancias que Rachel, todos necesitamos cuerdas de salvamento. Gran parte de las decisiones y dirección de nuestra vida se verá influenciada por el poder de nuestros mejores amigos. Cuando llegue el momento de darles nuestra opinión, tenemos que elegir nuestras palabras con cuidado porque son muy importantes para ellos. Cuando llegue el momento de escuchar sus opiniones, sepamos que estamos escuchando algo que tiene una gran importancia. Prestemos atención al cuidado de nuestros mejores amigos. No podemos valorarlos lo suficiente.

Seamos personas que le tenemos cariño a mucha gente, pero que hemos invertido profundamente en unos pocos. Como dice Proverbios: "Hay amigos que llevan a la ruina, y hay amigos más fieles que un hermano" (Proverbio 18.24). Nuestra vida mostrará el fruto hoy y también mañana.

Guía de Estudio

Introducción

TENER BUENOS AMIGOS

1. Haga un círculo alrededor de las siguientes descripciones que mejor correspondan a su experiencia de mejores amigos, o agregue su propia descripción al final. Luego, junto a cada afirmación pertinente, escriba el nombre(s) o iniciales del amigo(s) en quien inmediatamente pensó cuando leyó las siguientes palabras por primera vez.

Lugares seguros donde puedo ser yo mismo.

Las pocas personas con las que me siento cómodo.

- A quienes acudo cuando necesito apoyo.

- Conocen y aceptan todo lo que soy.

- Han estado a mi lado en las distintas etapas de mi vida (matrimonio, crianza de mis hijos, pérdidas, etc.).
- A través de ellos, he encontrado a Dios de una manera más profunda.
- Me han ayudado en los momentos difíciles.
- Han dado más significado a mi vida.

2.¿Por qué es significativo que cuando Jesús estaba en Getsemaní, a pocas horas de la cruz, no sólo buscó a su Padre celestial, sino también a sus amigos terrenales más cercanos: Pedro, Jacobo y Juan? (Véase Mateo 26.36-38.)

____

____

____

Piense por un momento en esas pocas personas especiales de su lista de mejores amigos y hágase las siguientes preguntas:

3. ¿En qué áreas *específicas de mi vida podría mejorar mi mejor amigo y yo?* Por ejemplo, ¿si la conexión se concentra demasiado en un tema específico, como digamos, la crianza de los hijos, matrimonio o noviazgo? ¿Qué áreas importantes —como salud física, familia de origen, valores espirituales o finanzas— no son discutidas? ¿Cómo voy a comenzar a ahondar en esas facetas adicionales de la vida para enriquecer la amistad?

____

____

____

b. ¿Qué riesgos tendría *que tal vez tomar para que nuestra relación fuera aún mejor?*

SER UN BUEN AMIGO

Con oración, lea los siguientes "unos a otros" seleccionados de más de los cincuenta que son mencionados en el Nuevo Testamento. ¿En cuáles dos o tres de estos necesita usted poner más esfuerzo? (Si no está seguro, ¡un verdadero amigo podrá indudablemente decirle!)

Elija uno de estos rasgos y la amistad en la que lo va a cultivar esta semana. Luego trace un plan y ¡asegúrese de que se haga realidad!

- *Marcos 9.50* "Para que puedan vivir en paz unos con otros".
- *Romanos 12.10* "Ámense los unos a los otros con amor fraternal, respetándose y honrándose mutuamente".
- *Romanos 14.13* "Dejemos de juzgarnos unos a otros"
- *Gálatas 5.13* "Sírvanse unos a otros con amor".
- *Gálatas 6.2* "Ayúdense unos a otros a llevar sus cargas".
- *Efesios 4.32* "Sean bondadosos y compasivos unos con otros, y perdónense mutuamente, así como Dios los perdonó a ustedes en Cristo".
- *Efesios 5.21* "Sométanse unos a otros, por reverencia a Cristo".
- *Colosenses 3.9* "Dejen de mentirse unos a otros".

- *1 Tesalonicenses 5.11* "Anímense y edifíquense unos a otros".

- *Hebreos 10.24-25* "Preocupémonos los unos por los otros, a fin de estimularnos al amor y a las buenas obras".

- *Santiago 5.16* "Confiésense unos a otros sus pecados, y oren unos por otros".

En Marcos 2.1-12, los buenos amigos del paralítico lo trajeron delante de Jesús para que el Señor pudiera bendecirlo y sanarlo. ¿Cuál de sus mejores amigos necesita hoy especialmente el toque de sanidad, esperanza y aliento de Jesús? Lleve a esos amigos delante de Jesús en oración.

1

La necesidad accidental

TENER BUENOS AMIGOS

1. ¿Quién en su vida catalogaría como un compañero? ¿Como un buen amigo? ¿Qué hicieron las personas en su lista de "Buenos amigos" para figurar allí? ¿Por qué piensa que cada persona presintió que usted estaba abierto a una relación nueva y saludable?

2. ¿Cuándo lo ayudó, si ocurrió alguna vez, un mejor amigo a sacar a relucir un problema y luego impidió que se convirtiera en un asunto más grande? ¿Por qué tienen los mejores amigos esa clase de impacto significativo en nosotros?

3. Si está casado, ¿cuánto ha contribuido el tiempo que paso con un mejor amigo —o el tiempo que pasó su cónyuge con su mejor amigo— a mejorar su matrimonio? Si son solteros, ¿se ha beneficiado alguna vez su relación de noviazgo gracias a la participación de un mejor amigo? ¿Cómo le nutre el tiempo que pasa con un mejor amigo, no sólo a usted, sino también a su relación con su pareja?

____

____

____

Todos necesitamos ser transparentes con alguien en cuanto a nuestro ser interior, nuestras necesidades, errores y emociones. ¿Qué impide a la gente —o a usted— ser vulnerable de esa manera? ¿Qué cosas buenas provienen de la decisión de ser transparente en una amistad?

SER UN BUEN AMIGO

4. ¿Qué temor tiene, si tiene alguno, de ser vulnerable? ¿Qué aspecto tiene el enfrentar esos temores en el campo de la amistad? Sea específico sobre las acciones que podría usted tomar para superar esos miedos.

____

____

____

5. ¿Qué hará con uno o dos de sus mejores amigos esta semana para cuidar y mantener esas relaciones de manera intencionada? Note cómo se beneficia la amistad cuando se emprenden esas acciones deliberadas.

____

____

____

2

La necesidad accidental

TENER BUENOS AMIGOS

1. ¿Quién en su vida catalogaría como un compañero? ¿Como un buen amigo? ¿Qué hicieron las personas en su lista de "Buenos amigos" para figurar allí? ¿Por qué piensa que cada persona presintió que usted estaba abierto a una relación nueva y saludable?

2. ¿Cuándo lo ayudó, si ocurrió alguna vez, un mejor amigo a sacar a relucir un problema y luego impidió que se convirtiera en un asunto más grande? ¿Por qué tienen los mejores amigos esa clase de impacto significativo en nosotros?

3. Si está casado, ¿cuánto ha contribuido el tiempo que paso con un mejor amigo —o el tiempo que pasó su cónyuge con su mejor amigo— a mejorar su matrimonio? Si son solteros, ¿se ha beneficiado alguna vez su relación de noviazgo gracias a la participación de un mejor amigo? ¿Cómo le nutre el tiempo que pasa con un mejor amigo, no sólo a usted, sino también a su relación con su pareja?

Todos necesitamos ser transparentes con alguien en cuanto a nuestro ser interior, nuestras necesidades, errores y emociones. ¿Qué impide a la gente —o a usted— ser vulnerable de esa manera? ¿Qué cosas buenas provienen de la decisión de ser transparente en una amistad?

____

____

____

SER UN BUEN AMIGO

4. ¿Qué temor tiene, si tiene alguno, de ser vulnerable? ¿Qué aspecto tiene el enfrentar esos temores en el campo de la amistad? Sea específico sobre las acciones que podría usted tomar para superar esos miedos.

____

____

____

5. ¿Qué hará con uno o dos de sus mejores amigos esta semana para cuidar y mantener esas relaciones de manera intencionada? Note cómo se beneficia la amistad cuando se emprenden esas acciones deliberadas.

____

____

____

3

LA VIDA ES MEJOR CUANDO PASAMOS TIEMPO JUNTOS

TENER BUENOS AMIGOS

1. La amistad tiene dos partes: agradarse y conectarse. ¿Qué sucede si tenemos una sin la otra?

2. ¿Cuándo, si es que ocurrió alguna vez, se agradó de alguien al conocer su historia personal? ¿Para qué relación actual le alienta esa experiencia?

3. Para profundizar nuestra conexión con un amigo, necesitamos actuar de una manera que fomente la confianza y la sinceridad. Piense en algunas maneras específicas en las que podría usted hacerlo, algunas de las cuales podrían requerir tal vez que usted asuma el riesgo inicial de profundizar más esa amistad.

____

____

____

4. ¿Cuándo vio usted que alguien fue atraído hacia otra persona por razones no muy sanas, o cuándo fue que usted experimentó eso? ¿Por qué ocurre dicha atracción? ¿Qué pasos podemos tomar para evitar esos afectos?

____

____

____

SER UN BUEN AMIGO

5. Una de las maneras que llegamos a tener buenos amigos es siendo un buen amigo. De modo que hágalo en algún momento esta semana y pruebe al menos una de las siguientes cosas:

- Haga una llamada sin propósito alguno.
- Tome la delantera y ponga sobre a descubierto sus propias necesidades de gracia, validación, aceptación, comprensión o seguridad con un amigo.
- Profundice una conversación compartiendo cómo se siente, no sólo lo que piensa. Mencione lo que le preocupa, frustra o entristece.

Ahora consideren: ¿Qué diferencia aportó esa acción?

____

____

____

4

La inversión de tiempo

TENER BUENOS AMIGOS

1. ¿Por qué son esenciales para las mejores amistades tanto la calidad como la cantidad de tiempo?

2. Los niños desarrollan la sensación de ser amados y estar seguros cuando han "interiorizado" a los padres que fueron siempre cálidos y cariñosos con ellos. Esa imagen emocional de mamá y papá alienta a los niños y los consuela en los momentos de estrés. ¿Quién en su vida ha hecho esa contribución vivificante a su alma aunque sus padres no lo hayan hecho? Dé un ejemplo de alguna vez en la que un mejor amigo interiorizado le ayudó a tomar un paso difícil.

3. "Ser un *Mejor amigo* tendría que ser un diploma que nos hemos ganado más que un título honorífico". ¿Está de acuerdo o en desacuerdo con esta afirmación? ¿Por qué?

4. ¿Por qué es la proximidad tan importante como el tiempo cuando de lo que se trata es de preservar y fortalecer una buena amistad? ¿De qué manera puede compensar un mejor amigo la falta de cercanía?

SER UN BUEN AMIGO

5. Observe algunas de sus relaciones más importantes y piense cómo les va en las áreas donde está usted al tanto de lo que está pasando, conectado emocionalmente y lo suficientemente cerca como para poder decir y escuchar la verdad. ¿Qué amigos(as) necesita ver con más frecuencia? ¿Qué cambios puede realizar en su agenda en los próximos siete días para verse con alguien que no ha visto por un tiempo?

5

Los mejores amigos en un mundo de Facebook

TENER BUENOS AMIGOS

1. ¿Qué porcentaje de sus contactos con sus mejores amigos es a través de conexiones digitales tales como mensajes de texto, correos electrónicos y medios de comunicación social como Facebook y Twitter? ¿Fortalecen estas conexiones sus mejores amistades? ¿Por qué o por qué no?

2. ¿Por qué la comunicación antigua cara a cara no ha sido igualada por la tecnología? Específicamente, ¿qué aspectos de la comunicación se pierden cuando nos comunicamos a través de la tecnología? Dé un ejemplo de cómo, sin esos apuntes verbales, nuestras palabras pueden tener un significado completamente opuesto.

3. Piense en lo negativo de las conexiones digitales. ¿Cuándo le ha parecido que algo negativo o polémico fue mucho peor cuando usted (o su destinatario) lo leyó, porque la comunicación no fue hecha en persona? ¿De qué manera usted —y/o alguien con quien se ha conectado a través de mensajes de texto, correos electrónicos o medios de comunicación social— ha podido ocultar partes de su persona que no deseaba dar a conocer o ha creado partes de usted que no existían?

4. ¿Por qué es importante que nosotros mismos aclaremos primero lo que pensamos y sentimos antes de acudir a un mejor amigo? Describa un momento en que un mejor amigo le ayudó a aclarar su realidad *después* de haber usted reflexionado a solas. Tal vez también pudiera contar de alguna vez que acudió a un mejor amiga prematuramente, adoptó la realidad que ella le presentó y luego se arrepintió.

SER UN BUEN AMIGO

5. ¿Qué podemos hacer para mantenernos firmes ante la tentación de ocultarnos tras la tecnología y no ser auténticos?

6. Aun cuando la comunicación digital puede definitivamente ayudarnos a mantenernos en contacto con nuestros mejores amigos, es también importante asegurarnos de conectarnos con la gente en persona. ¿Cuán equilibrada es su vida en este momento? ¿Está conectado cara a cara con sus nuevos amigos? ¿Con amigos de hace mucho tiempo? Sea honesto con usted mismo sobre dónde, si es el caso, se está ocultando. ¿Detrás de una imagen de Facebook o de los mensajes de texto? ¿Qué pasos va a tomar esta semana para tener un mayor equilibrio en sus conexiones cara a cara en contraposición a las conexiones tecnológicas?

6

Los mejores amigos en un mundo de Facebook

TENER BUENOS AMIGOS

1. ¿Cuándo ha usted experimentado la realidad de que los mejores momentos de la vida son más felices cuando los compartimos con un mejor amigo? ¿Y cuándo un mal momento le pareció menos malo, menos desalentador, al tener un mejor amigo a su lado? ¿Por qué piensa usted que esas conexiones oportunas con un mejor amigo han tenido esos efectos?

2. La validación está relacionada con saber que nuestra propia experiencia le importa a alguien más. ¿Cuándo ha sido la validación de un mejor amigo exactamente lo que necesitaban en ese momento? Explique cómo dicha validación nos hace ser "más nosotros mismos".

3. ¿Cuándo ha necesitado que un mejor amigo esté simplemente presente con usted? ¿Cuándo ha necesitado que un mejor amigo le ayude a salir de un estado de shock, tomar decisiones sabias y desarrollar un plan de acción? Comente lo que le ha suministrado su mejor amigo cuando estaba usted en medio de una crisis.

4. ¿Quién figura en su lista de discado rápido, literal o figurativamente, cuando necesita descargarse? ¿Por qué esa persona? ¿Qué le ofrece ese mejor amigo cuando está usted en una situación aparentemente imposible?

SER UN BUEN AMIGO

5. ¿En qué mejor(es) amistad(es), si alguna, se mantiene deliberadamente callado acerca de un reto actual, decepción o herida? Explique en sus propias palabras por qué dichos intentos realmente hacen que seamos una carga, y luego concuerda para reunirse con ese mejor amigo para contarle lo que está sucediendo y permitirle que los ayude.

7

Lo que más importa

TENER BUENOS AMIGOS

1. ¿Cuándo, si alguna vez, se ha dado cuenta de que usted y un buen amigo tenían valores diametralmente opuestos y ha elegido distanciarse de él o de ella? Explique su decisión.

2. Los *valores principales* son esas verdades generales —como el amor, la responsabilidad, la libertad y el perdón— que permitimos que guíen todas las áreas de nuestra vida. ¿Cuáles son tres o cuatro de sus valores principales más importantes? ¿Cómo determinan si sus mejores amigos comparten esos valores principales?

3. Los *valores de contexto* son las creencias sobre cómo conducir áreas específicas de su vida tales como sus finanzas, familia, carrera, salud y opiniones políticas. ¿En qué valores de contexto difiere con sus mejores amigos? ¿Por qué puede ser beneficioso tener diferencias en los valores de contexto? ¿Qué crecimiento personal, por ejemplo, ha usted experimentado debido a dichas diferencias?

---

4. Si son cristianos, ¿cree que todos sus mejores amigos tendrían que serlo también? ¿Por qué o por qué no? ¿Limita esto el grado de intimidad que experimentan? ¿De qué manera podría enriquecer esta diferencia a una amistad?

SER UN BUEN AMIGO

5. ¿Con qué mejores amigos se mantiene deliberadamente o innecesariamente separado por sus valores de contexto? ¿Qué valores de contexto le impiden conectarse profundamente con sus mejores amigos? Si descubre grandes diferencias en los valores principales que usted y un mejor amigo tienen, hablen sobre esos valores y determinen cómo preservar e incluso fortalecer su amistad.

8

Permiso para hablar la verdad

TENER BUENOS AMIGOS

1. ¿Por qué es crítica la honestidad de los demás para nuestro crecimiento? Dé un ejemplo de su propia vida; ¿cuándo las palabras de verdad de una persona ocasionaron alguna clase de crecimiento en usted?

____

____

____

2. Los mejores amigos son honestos acerca de sí mismos y honestos acerca del otro. ¿Cómo puede ser valiosa para usted la honestidad de un mejor amigo?

____

____

____

3. ¿Cuándo le han dicho la verdad sin gracia, y cuándo han dicho quizás la verdad sin gracia? ¿Qué lecciones aprendió usted de esas experiencias?

____

____

____

4. Los mejores amigos son completamente honestos sobre el otro y se empujan mutuamente a crecer. ¿Son usted y su(s) mejor(es) amigo(s) demasiado cuidadosos el uno con el otro? ¿Por qué no es eso un problema o por qué podría ser ese el caso?

____

____

____

5. ¿Qué puede decir para ayudar a que un mejor amigo —o ustedes mismos— vea que la verdad no significa condena sino que, en cambio, puede ser el regalo de un inmenso amor?

____

____

____

SER UN BUEN AMIGO

6. Modele la honestidad sobre usted mismos con uno de sus mejores amigos. Un día de esta semana, pídale a un mejor amigo que le ayude a ver áreas en usted mismos en las que no está creciendo, cosas que está haciendo que no son sanas, puntos ciegos de los que no está conscientes, e incluso áreas de potencial que quizás no perciba. Para alentarse a tener esta conversación, haga una lista de tres o cuatro beneficios de esta clase de honestidad dentro de sus mejores amistades.

____

____

____

9

NO SE NECESITA NINGUNA EXPLICACIÓN

TENER BUENOS AMIGOS

1. En nuestras mejores amistades, estamos bien *no* estando bien . ¿Qué mejores amigos han aceptado su lado oscuro? ¿Qué mejores amigos le han ayudado a reconocer y aprender a ignorar su juez interior? ¿Qué defectos, pecados y errores específicos conocen bien sus mejores amigos y, aun así, le aman y aceptan?

2. ¿Por qué es necesario lidiar con nuestras debilidades como *problemas* en vez de causas de *condena*?

3. ¿Cómo es útil la aceptación de un buen amigo para identificar la causa de nuestro pecado y resolver los problemas más profundos en vez de meramente lidiar con el síntoma?

4. ¿Qué parte integral del proceso redentor de Dios pueden desempeñar los mejores amigos? Idealmente, hable de alguna ocasión en la que un mejor amigo ha sido importante para la obra de Dios en su vida.

SER UN BUEN AMIGO

5. El primer paso para desarrollar una mayor aceptación en una amistad es hacer nuestro propio inventario personal. Tome ese paso esta semana, identificando un problema del lado oscuro, un mala decisión o una conducta malsana que no conoce su mejor amigo o de la que no está generalmente consciente. Luego compártalo con la persona y admita: "Me estoy moliendo a palos. Necesito saber que para ti estoy bien". Tal vez pueda también llevar adelante un inventario de aceptación juntos discutiendo: *¿Sabemos aceptar los defectos y errores del otro? ¿Cómo podemos demostrarnos una mayor aceptación?*

10

FAMILIA, AMIGOS Y AMIGOS DE LA FAMILIA

TENER BUENOS AMIGOS

1. Nuestra familia es el laboratorio donde aprendemos sobre la amistad. ¿Qué le han enseñado sus padres y/o hermanos sobre la amistad? ¿Sobre ser un amigo?

2. Por importante que sean las relaciones familiares, todos necesitamos la polinización cruzada de otra clase de personas si deseamos ser todo lo sanos y desenvueltos que sea posible. ¿Qué ha aprendido sobre usted mismos y sobre este gran mundo —con toda su variedad— que no habría experimentado si se hubiera quedado en el laboratorio de la familia?

3. ¿Por qué podría la falta de deseo de una persona de tener mejores amigos que no sean parte de la familia indicar alguna clase de desarrollo truncado y/o un potencial desperdiciado? ¿Por qué es esto un problema?

4. ¿Tiene usted la bendición de tener amigos íntimos que sean parientes? Si es así, ¿qué ha contribuido a esas ricas relaciones? Si no, considere honestamente —y aprenda de sus conclusiones— si la razón es usted o más bien el sistema familiar.

5. Quizás los miembros de su familia no sean amigos íntimos porque hay una falta de perdón. Si ese es el caso, ¿qué le está impidiendo ingresar en el proceso de perdonar, sanar, llorar e intentar reconciliarse?

SER UN BUEN AMIGO

6. El escenario ideal para familiares amigos es ambos-y: tener mejores amigos dentro de la familia y fuera de ella. ¿Qué puede hacer usted para ser un mejor amigo de alguien de su familia? Elija un miembro de la familia, seleccione uno de los pasos propuestos y haga un esfuerzo deliberado algo así como la próxima semana para conectarse más profundamente con él o ella.

____

____

____

Conclusión
El poder de los mejores amigos

TENER BUENOS AMIGOS

1. ¿Por qué es importante estar conscientes del poder —tanto positivo como negativo— de nuestros mejores amigos?

____

____

____

2. ¿Qué cuatro o cinco ejemplos le vienen de inmediato a la mente cuando piensa cómo han cambiado su vida sus mejores amigos? ¿Han sido todos esos cambios para bien? ¿Por qué o por qué no?

____

____

____

3. Comente sobre la sabiduría de esta afirmación: "Todos necesitamos las cuerdas de salvamento de los mejores amigos. Seamos personas que se preocupan por mucha gente, pero que han invertido profundamente en sólo unos pocos". ¿Cuán fácil o difícil es para usted seguir este consejo, y por qué?

____

____

____

4. ¿Qué es lo que más ha apreciado de la conversación de este libro sobre los mejores amigos para siempre?

____

____

____

SER UN BUEN AMIGO

Vuelva atrás y mire los ejercicios de "Ser un buen amigo" que le haya desafiado en el transcurso de este estudio. ¿Cuáles son los tres o cuatro que le han ayudado más? Ahora aporte ideas sobre cómo puede continuar construyendo sobre esos pasos de acción de manera prolongada.

Notas

Introducción

1. Tom Rath, *Vital Friends: The People You Can't Afford to Live Without* (New York: Gallup Press, 2006), edición de Kindle, capítulo 3: "Better than Prozac" y Farouk Mookadam y Heather M. Arthur, "Social Support and It's Relationship to Morbidity and Mortality After Acute Myocardial Infraction," *Archives of Internal Medicine* 164 (2004): 1514-18.

2. Alina Tugend, "Peaking at the Negative Side of High School Popularity," *New York Times*, 19 de junio de 2010, B6.

Capítulo 3

1. He escrito más extensamente sobre la conexión en mi libro *Loving People: How To Love and Be Loved* (Nashville: Thomas Nelson, 2007).

Capítulo 4

1. Robert Lee Holtz, "The Really Smart Phone" *Wall Street Journal*, 23 de abril 2011.

Capítulo 8

1. Henry Cloud y John Townsend, *Boundaries: When to Say Yes, When to Say No, to Take Control of Your Life* (Grand Rapids: Zondervan, 1992).

2. Jim Collins, *Good to Great* (New York: Harper Business Books, 2001).